ESSAY

DE

POLITIQUE

OÙ L'ON TRAITE

DE LA NECESSITÉ, DE
l'Origine, des Droits, des Bornes, & des
differentes formes de la Souveraineté.

SELON

Les Principes de l'Auteur
de Telemaque.

A LA HAYE,

Chez HENRI SCHEURLEER.

M. DCC. XIX.

PREFACE.

QUAND on examine l'histoire des Empires & des Republiques, on trouve que toutes les revolutions qui leur sont arrivées, viennent de deux causes principales. L'amour de l'Autorité sans bornes dans ceux qui gouvernent, & celui de l'independance dans le peuple. Les Souverains jaloux de leur pouvoir, veulent toûjours l'étendre : Les Sujets Idolâtres de leur liberté veulent toûjours l'augmenter.

Voilà ce qui a rendu, & ce qui rendra à jamais le monde entier comme une mer agitée, dont les vagues successives se détruisent mutuellement. L'Anarchie produit le Despotisme, le Despotisme se perd dans l'Anarchie. Le grand corps Politique comme le corps humain, sera toû-

ã

PREFACE.

jours sujet aux maladies inévitables, & aux viciffitudes perpetuelles. Mais comme la revolte continuelle des paffions contre la raifon n'empêche point qu'il n'y ait une regle de Morale fure que chaque particulier doit fuivre ; de même l'impoffibilité de prevenir les revolutions n'empêche point qu'il n'y ait des regles de Politique fixes que tous les Etats doivent refpecter.

Il ne s'agit pas de former un plan de Gouvernement exempt de tout inconvenient ; cela eft impoffible. Les beaux fyftêmes de Politique, comme la Republique de Platon, font admirables dans la Theorie, mais impoffibles dans la Pratique. Les paffions des hommes l'emportent tôt ou tard fur les Loix. Tant que ceux qui gouverneront, feront imparfaits; tout gouvernement fera imparfait. Mais quoi-qu'on ne puiffe pas prevenir toutes fortes d'abus, on doit tâcher cependant d'eviter le

PREFACE.

plus d'inconveniens qu'il est possible. La Medecine est une science très-utile, quoique la mort soit inévitable. Cherchons à remedier aux maux du grand Corps Politique sans esperer de lui donner l'immortalité. Tâchons d'etablir des maximes qui tendent à rendre les hommes tout ensemble bons Citoyens & bons sujets, Amateurs de leur Patrie & de leurs Souverains, soûmis à l'ordre, sans être Esclaves.

ESSAY

DE

POLITIQUE

PREMIERE PARTIE.

Introduction.

CEUX qui ont traité de la Politique, ont voulu établir deux sortes de principes tout a fait contradictoires.

Les uns rapportent à l'amour propre, & à l'interêt particulier, ce qu'on appelle la Loi naturelle, & toutes les vertus morales & politiques. Ils prétendent que nous naissons tous independans, & égaux ; que les Nations & les Républiques n'ont été formées que par l'accord libre des hommes,

A

qui ne se sont assujettis aux Loix de la société que pour leur commodité particuliere, & leur sûreté mutuelle; que le Droit de la Souveraineté ne vient que de la cession que chacun fait à un, ou à plusieurs de son droit naturel & inherent de se gouverner soi-même, que ces dépositaires de l'autorité souveraine sont toûjours responsables en dernier ressort au peuple qui peut les juger, les déposer, & les changer quand ils violent le contrat originaire de leurs ancêtres.

D'autres soûtiennent au contraire que l'amour de l'ordre & du bien en general, est la source de tous les dévoirs de la Loi naturelle, qu'antecedemment à tout contrat libre nous naissons tous plus ou moins dépendans, inégaux, & membres de quelque société, à qui nous nous devons. Que l'authorité souveraine ne derive que de Dieu seul, que la forme du Gouvernement étant une fois établie, il n'est plus permis aux particuliers de la troubler, mais qu'ils doivent souffrir avec patience, quand ils ne peuvent pas empêcher par des voyes légitimes les abus de l'authorité souveraine.

Pour juger de ces differens princi-pes, il faut entrer dans la difcuffion des queftions les plus fubtiles & les plus délicates de la Politique. Com-mençons d'abord par examiner ce que c'eft que la Loi naturelle , & les de-voirs aufquels elle nous oblige ; car delà dépend la folution de toutes les difficultez fur cette matiére.

CHAPITRE I.

De la Loi Naturelle.

LA Loi en général n'eft autre cho-fe que la regle qué chaque Etre doit fuivre, pour agir felon la Nature. C'eft ainfi que dans la Phyfique on entend par les Loix du mouvement, les regles felon lefquelles chaque corps eft tranfporté néceffairement d'un lieu dans un autre. Et dans la Morale , la Loi naturelle fignifie la regle que cha-que intelligence doit fuiv   ement pour être raifonnable.

La Regle la plus parfaite des volon-tez finies , eft fans doute celle de la volonté infinie ; Dieu s'aime fouverai-

nement & abfolument , parce qu'il eft
fouverainement & abfolument parfait.
Il aime toutes fes créatures inégale-
ment felon qu'elles participent plus
ou moins à fes perfections. Cette regle des volontez divines eft auffi la
Loi naturelle & immuable de toutes
les intelligences ; car Dieu ne peut
point donner à fes créatures une volonté contraire à la fienne pour tendre
où la fienne ne tend pas.

La Loi donc naturelle de toutes
les intelligences eft d'aimer chaque
chofe felon la dignité de fa nature.
Elle eft éternelle. Dieu ne l'a point faite , elle eft auffi anciennne que la
divinité. C'eft fa Loi à lui-même , &
dont il ne fauroit difpenfer fes créatures fans fe conttedire ; *Elle eft immuable.* Dieu n'agit point ici en Légifla-
teur qui par fon domaine abfolu fur
l'homme l'affujettit à certaines Loix
arbitraires , & l'oblige à les obferver
par les menaces & les recompenfes,
comme cette Loi refulte immediatement des rapports immuables qu'il y
a entre les differentes effences, Elle
ne peut jamais changer, au lieu que
les Loix pofitives & arbitraires n'étant

fondées que ſur les differentes circonſtances variables , où les créatures
ſe trouvent, peuvent être changées ſelon que ces circonſtances varient. C'eſt
pour cela que Socrate diſtingue toûjours deux ſortes de Loix , l'une qu'il
appelle (a) *La Loï qui eſt* , l'autre (b)
La Loi qui a été faite.

C'eſt de cetteLoi éternelle & immuable que découlent toutes les autres
Loix , & toutes les vertus ſoit divines
ſoit humaines, ſoit civiles , ſoit morales. Voïons en l'étenduë & les ſui-
tes néceſſaires.

1. Il faut reſpecter l'Etre ſuprême;
& l'aimer d'un amour ſouverain ſeul
digne de ſa Nature. La Religion eſt
le fondement de toute bonne Politique. La difference des cerémonies,
& du culte exterieur , par leſquels on
exprime ſon adoration interieure ſeroit arbitraire , & pourroit varier ſelon les differens genies des Peuples.
Chaque homme naîtroit dans une
liberté parfaite là-deſſus , Si Dieu ne
nous avoit pas ôté cette liberté naturelle par une revelation expreſſe. Mais
l'amour & le reſpect de la Divinité eſt

(a) Τοὶ ὸν. (b) Τὸ γινόμνον.

une partie essentielle de la Loi naturelle & un devoir fondé sur les rapports immuables qu'il y a entre le fi-
ni & l'infini independamment même de toute revelation.

2. Il faut respecter & vouloir du
bien à toutes les Especes particulieres d'Etres produits par cet Etre suprême, à chacun selon la dignité de sa
nature. De-là vient le respect pour les
êtres invisibles superieurs à nous, &
la compassion pour les Bêtes qui sont
au dessous de nous.

3. Il faut aimer & respecter cette
espece particuliere d'Etres dont nous
sommes les Individus & avec qui
nous avons un rapport immediat. De
là vient l'Humanité, *la Philantropie.*
& toutes les autres vertus morales qui
rendent l'homme aimable, & chaque
païs la Patrie commune du Genre
Humain.

4. Il faut aimer & respecter cette
espece particuliere d'hommes avec
qui nous vivons, & dans la societé desquels la Nature nous a fait naître.
De-là vient l'amour de la Patrie, & toutes les autres vertus civiles & Politiques.

5. Il faut aimer & respecter ceux
qui

qui ont été les Instrumens de nôtre existence , & avec qui nous sommes liez par la Naissance , & le sang. Voila l'amour de la famille , & le respect paternel , que les Romains appelloient *Pietas parentum.*

6. Il faut nous aimer nous mêmes , comme étant une petite parcelle de ce grand Tout qui compose l'Univers. L'Amour propre bien reglé & legitime ne doit tenir que le dernier lieu. Ce seroit une chose monstreuse de se preferer à toute sa famille , sa famil- à toute sa Patrie , sa Patrie à tout le le genre humain ; Car l'amour rai- sonnable se reglant toûjours sur le de- gré de perfection & d'excellence de chaque objet, commence par l'Uni- versel & descend par gradation au Particulier. Au contraire le soin qu'il faut avoir de faire remplir à chacun les devoirs de cette Loi éternelle doit com- mencer par le Particulier & remonter au General. La raison est que la capacité d'aimer étant infinie l'homme ne doit jamais la borner à rien de particulier ; mais sa capacité d'entendre étant trés finie il ne peut pas s'apliquer égale- ment à tout le genre humain.

On renverse ce bel ordre en confondant toûjours ensemble deux choses tout à fait distinctes. L'amour propre, & la conservation propre. Le soin que chaque Etre particulier doit avoir de se perfectionner, & de se conserver, avec cet amour d'estime & de preference qu'il faut toûjours regler selon la perfection des objets. La conservation propre est le premier de tous les soins, parceque nous ne pouvons pas songer à tout; & que nous sommes plus immediatement chargés de nous mêmes, que de tout le reste du Genre-Humain. L'amour propre est le dernier de tous les amours parceque nôtre Etre borné n'étant qu'une petite parcelle de ce grand Univers, avec lequel nous faisons un Tout, il ne faut pas rapporter la Totalité de perfection à la partie, mais la partie au Tout. Nous devons songer plus immediatement à nôtre propre conservation qu'à celle d'aucun autre homme particulier comme nous. Nous devons plus à nôtre famille propre, qu'à une autre famille étrangere. Nous devons plus à nôtre patrie dans le sein de laquelle nous avons été inſtruits, élevés, & protegés pendant nôtre enfance, qu'à une autre ſocieté particuliere d'hommes, que nous n'avons jamais vûs. Toutes choſes égales, nous devons plus au particulier dont nous ſommes immediatement chargés par la Nature, ou la Providence, qu'au particulier auquel nous n'avons aucun rapport. Mais quand il s'agit du bien particulier comparé avec le bien general, il faut toûjours preferer le ſecond au premier. Il n'eſt pas permis de ſe conſerver en ruinant ſa famille, ny d'agrandir ſa famille en perdant ſa Patrie, ni de chercher la gloire de ſa Patrie en violant les Droits de l'Humanité. C'eſt ſur ce principe qu'eſt fondé ce qu'on appelle le *Droit des Gens* & *la Loi des Nations.* Comme les ſujets de chaque Etat doivent être ſoûmis aux Loix de leur patrie, quoique ces Loix ſoient quelques fois contraires à leur interêt particulier; de même chaque Nation ſeparée, doit reſpecter les Loix de la Patrie commune qui ſont celles de la *Nature,* & des *Nations,* au préjudice même de ſon

interêt propre, & de son aggrandis-
sement. Sans cela il n'y auroit point
de difference entre les guerres justes, & injustes ; les Conquerans les
plus ambitieux pourroient usurper le
Domaine de leur voisins quand ils le
pourroient faire avec impunité, &
les Etats qui auroient le plus de
force seroient en droit de faire ce
qu'ils font souvent contre toute Loi
& toute justice. Quelle difference entre ces idées & celles qui nous enseignent que l'Univers n'est qu'une
même Republique gouvernée par un
pere commun, que les Rois de la terre font soûmis à la même Loi gene-
rale que les particuliers de chaque
Etat, que cette Loi éternelle, immuable, universelle est de preferer
toûjours le bien general au bien particulier.

Les Libertins & les Amateurs de
l'independance diront que ce n'est
pas raisonner que d'introduire ainsi
dans la politique les maximes de la
Religion. Mais c'est la gloire & la
beauté de la Religion que tous les
devoirs de la societé en soient des
preceptes, & qu'elle serve non seu-

lement à preparer l'homme pour une
felicité future, mais encore à le faire vivre dans l'Ordre neceſſaire pour
le rendre heureux même dez cette
vie. Je n'admets ici aucuns princi-
pes-que ceux qui ſe tirent de la lumie-
re naturelle. Je ne dis que ce qu'ont
dit avant moi tous les grands Legiſlateurs & Philoſophes ſoit Grecs, ſoit
Romains ; ſavoir, qu'il eſt impoſſible
de fixer les vrais principes de la Politique ſans poſer ceux de la Religion. * *Il y a eu des Philoſophes* dit Ciceron *qui nioient que les Dieux s'in-
tereſſaſſent aux choſes humaines, ſi leur
opinion eſt vraie, où eſt la pieté, où eſt
la Sainteté, où eſt la Religion?....
& ſi l'on aneantit ces choſes, tout tombe dans la confuſion & le trouble, Car
en detruiſant le reſpect de la Divinité,*

* *De Nat. Deor. lib.1.* Sunt enim Philoſophi &
fuerunt qui omnino nullam habere ce aſe-
runt humanarum rerum procuratione Deos.
Quorum ſi vera ſententia eſt, quæ poteſt
eſſe pietas quæ ſanctitas? quæ religio? ..
quibus ſublatis perturbatio vitæ ſequitur, &
magna confuſio. Atque quidem haud ſcio
an pietate adverſùs Deos ſublata fiJes etiam
& ſocietas humani generis, & una excel-
lentiſſima virtus juſtitia tollatur.

on detruit toute foi parmi les hommes, toute ſocieté, & toute juſtice, la plus admirable de toutes les vertus.

On objectera peut-être que tout ce qu'on a dit de la Loi naturelle, éternelle, & immuable & commune à toutes les intelligences ſont des idées Romaneſques & chimeriques; que rien n'eſt plus contradictoire que les ſentimens & les coûtumes des differens Legiſlateurs, & des differens Peuples ſur la Loi Naturelle. Que Platon vouloit établir la communauté des femmes, que Lycurgue ſembloit approuver la proſtitution; que Solon permettoit aux Atheniens de tuer leurs propres enfans; que les Perſes épouſoient leurs meres & leurs filles; les Scythes mangeoient de la chair humaine, les Getuliens & les Bactriens par-politeſſe permettoient à leur femmes d'avoir commerce avec les étrangers. De ſorte qu'il n'y a point de Loi fixe & immuable dans laquelle tout le Monde convienne, au contraire dans chaque Païs & dans chaque Etat ce que l'un juge honête, l'autre le condamne comme malhonnête.

Mais eſt-ce raiſonner que de parler ainſi ? Tous les hommes ne ſont pas raiſonnables ; donc la raiſon n'eſt qu'une chimere. Tous n'apperçoivent pas faute d'attention & de ſçience les rapports & les proprietés des lignes , donc il n'y a point de demonſtration geometrique. L'homme à la verité n'eſt-pas toujours attentif à cette Loi naturelle , il ne la ſuit pas même , quand il la decouvre ; mais la deſobéïſſance & le defaut d'attention n'aneantiſſent point la force & la Juſtice de cette Loi ; Elle n'eſt point fondée ſur l'accord des Nations, & ſur le conſentement libre des Legiſlateurs ; mais ſur les rapports immuables de nôtre Etre à tout ce qui l'énvironne. Nous examinons ce que les hommes feroient s'ils étoient raiſonnables , & non pas ce qu'ils font quand ils ſuivent leurs Paſſions.

D'ailleurs la plûpart de ces abus ne ſont que de fauſſes conſequences que les Païens tiroient de cette grande Loi que nous venons d'établir. Platon & Lycurgue ne pretendoient point favoriſer les Paſſions honteuſes & brutales , mais ils permettoient le

melange libre des deux Sexes fait avec
modeſtie dans un certain tems de
l'Année, afin que les enfans ne re-
connuſſent point d'autre famille que
la Patrie, ni d'autres peres que les
Conſervateurs des Loix. Maxime contraire à la Sainteté de nos mariages, maxime cependant fondée, à ce
que croïoient ces Legiſlateurs, ſur
l'amour de la Patrie. Il ſe trompoient
ſans doute dans ces conſequences.
Mais en ſe trompant ils tendoient à
cette Loi éternelle, & immuable que
tous doivent ſuivre. *Ciceron nous aſ-

* *Cic. lib. 1. & 2. de leg. & 4, de fin.*
Hanc igitur video ſapientiſſimorum fuiſſe
ſententiam, legem neque hóminum ingeniis
excogitatam, neque ſcitum aliquod eſſe
populorum, ſed æternum quiddam quod úni-
verſum mundum regeret imperandi prohi-
hibendique ſapientia. Ita principem legem
illam & ultimam mentem eſſe dicebant. Om-
nia ratione aut cogentis aut vetantis Dei.
Ex quâ illa lex quam Dii humano generi
dederunt rectè eſt laudata... quæ vis (ſive
lex) non modo ſenior eſt quam ætas populorum & civitatum, ſed æqualis, illius cœ-
lum atque terras tuentis & regentis Dei...
quæ non tum denique incipit lex eſſe cum
ſcripta eſt ſed tum cum orta eſt, orta autem
ſimul eſt cum mente divinâ. Quam obrem
lex vera atque princeps apta ad Jubendum
& vetandum ratio eſt recta ſummi Jovis.

sûre que c'étoit le sentiment des
Platoniciens, des , Stoiciens, des Aca-
demiciens, de tous les sages de l'antiquité que *la Loi n'a point été une
invention de l'Esprit humain, ni un re-
glement établi par les differens Peuples,
mais quelque chose d'éternel. Que cette
Loi a non seulement precedé l'Origine
des Peuples & des Societez , mais qu'elle est aussi ancienne que la Divinité même. Qu'elle n'a pas commencé d'être
une Loi quand elle a été écrite, mais
qu'elle l'a été dés sa premiere Origine,
que son Origine est la même que celle
de l'Esprit divin ; parceque la vraïe &
souveraine Loi n'est autre que la supréme Raison du Grand Jupiter.*

CHAPITRE II.

L'homme nait sociable.

JE n'entends point ici par être
sociable, vivre ensemble, & se
voir dans certains lieux , & en certains temps. Les bêtes les plus feroces le font de cette sorte. On peut se

voir chaque jour fans être en commerce de focieté ; on peut vivre fepa-
ré de tous les hommes & être fociable.
Par focieté j'entends un commerce mutuel d'amitié. Or tous les Etres
raifonnables font obligez par la Loi
immuable de leur nature, de vivre
ainfi enfemble. *Ceux qui ont une mê-*
me Loi commune doivent être regardez,
ditCiceron, ✱ *comme Citoyens d'une mê-*
me Ville. L'Univers continuë t'il, *eft une*
grande Republique, dont les Dieux infe-
rieurs , & les hommes font les Cito-
yens, & le grand Dieu Tout-puiffant le
Prince & le Pere commun. Si la raifon
eft commune à tous la Loi nous eft com-
mune auffi, dit l'Empereur Marc
Antonin. ✱ *La Loi étant commune nous*
fommes donc Concitoyens ; nous vivons
donc fous une même police ; & le mon-

✱ *Cic.* 1 *lib. de leg.* Inter quos eft com-
munio legis, civitatis ejufdem habendi funt
unde univerfus hic mundus una civitas
communis Deorum atque hominum exifti-
manda eſt.

Lib. 4. § 4. Λόγος Κοινός. Ει τῦθο κỳ ὁ νο-
μος Κοινός. Ει τῦθο πολιθαι εσμεν. Ει τῦθο πολ,-
θευματος τινο μεθεχομεν. Ει τῦθο ο Κόσμος
ασανι πολις εθι.

*de entier n'eſt par conſequent que comme
une Ville.* L'idée eſt belle & lumineu-
ſe ; & nous montre quel eſt le premier principe d'union & de ſocieté
parmi les hommes. Toutes les intelligences qui ſes connoiſſent ſont
obligées de vivre dans un commerce
mutuel d'amitié, à cauſe de leur rapport eſſentiel au pere commun des
Eſprits, & de leur liaiſon mutuelle
comme membres d'une même republique qui eſt gouvernée par une même Loi. C'eſt aiuſi que nous conce-
vons qu'il peut y avoir une ſocieté
d'amour parmi les pures intelligences, dont le bonheur commun eſt
augmenté par la joïe, & le plaiſir
noble & genereux qu'a chacune, de
voir toutes les autres heureuſes &
contentes. C'eſt ainſi que les Dieux
inferieurs pour parler comme les Païens, ou plûtôt les hommes divins af-
franchis des liens corporels, peuvent
ſans que nous nous en appercevions
avoir de la ſocieté avec les hommes
mortels, en leur donnant des ſecours
inviſibles. De-là eſt venuë l'idée qu'a-
voient les Païens du commerce,
qu'ils ſuppoſoient entre les Divini-

tez & les hommes, & toutes ces fictions des Dieux, des Demy-dieux, des Deeffes, des Nayades &c. qui protegeoient les humains, & converfoient avec eux dans les temps heroiques & fabuleux. C'eft ainfi que chaque homme en tant qu'il eft un Etre raifonnable, independamment de fon Corps, & de fes befoins, doit fe regarder comme membre de la focieté humaine, Citoïen de l'univers, & partie d'un grand Tout, dont il doit chercher le bien general preferablement a fon bien particulier.

Mais outre ce premier principe d'union & de focieté qui eft fans doute le plus noble ; il y en a d'autres qui meritent d'être confiderez. L'Indigence corporelle, l'ordre de la generation, la Patrie où l'on naît. &c.

L'Indigence de l'homme eft plus grande que celle des Animaux. Il naît foible & incapable de fe fecourir & de demander aux autres ce dont il a befoin. Tous les autres animaux au bout de quelques femaines font en état de fe procurer ce qui eft neceffaire pour leur Confervation. L'homme au contraire pendant plufieurs années languit

languit dans un état d'enfance & de
foiblesse, il ne vit qu'à demi; Il est
dans l'impuissance par lui-même *pour*
se garantir contre les injures de l'air,
contre la violence des animaux, &
contre les ~~autres~~ passions des autres
hommes.

L'Auteur de la Nature a fait naître l'homme ainsi indigent, afin de
nous rendre la Société necessaire. Il
auroit pû créer chacun de nous avec
une suffisance de bonheur, & de perfection, pour vivre seul, separé de
tous les autres hommes: mais il ne
l'a pas voulu afin de nous donner occasion d'imiter sa bonté communi-
cative, en contribuant mutuellement
à nôtre bonheur, par les devoirs d'une
amitié reciproque.

L'Etre souverain a lié les hommes ensemble non-seulement par l'Indigence, & le besoin mutuel qu'ils ont les
uns des autres, mais encore par l'ordre de leur naissance. Il auroit pû créer
tous les hommes d'un même sexe tout
a la fois, & dans l'independance les
uns des autres: mais il ne l'a pas voulu, afin que les liens du sang & de
la naissance tinssent lieu de ceux de

C

la charité, & de l'amitié ; & que les uns contribuaffent à former & à fortifier les autres. Je ne parle pas encore du pouvoir paternel, ni de l'ordre de la generation, en tant qu'elle eft une fource d'autorité ; mais feulement en tant qu'elle eft une fource d'union & de focieté. Par cet ordre admirable de la Propagation, les Peres regardent les enfans comme une partie d'eux-mêmes ; & les enfans regardent leursPeres comme les auteurs de leur exiftence, & ils font difpofez par-la à fe rendre les uns aux autres les devoirs de tendreffe & de gratitude, d'amour, & de refpect.

Outre ce lien d'union que Dieu a formé parmi les hommes par l'ordre de la generation. Il y en a encore un autre qui en refulte. C'eft l'amour de la patrie. Les hommes ne naiffent pas libres de s'affujettir àtelle focieté qu'ils voudront, ou de former de nouvelles focietez felon leur caprice. Ceux à qui nous devons nôtre naiffance, nôtre confervation, nôtre education, acquierent par là un Droit fur nous, qui nous oblige à la reconnoiffance, au refpect, à l'amour. La Patrie n'eft

autre chofe que la reunion de tous
les Peres de famille dans une même
focieté , l'amour de cette Patrie
n'eft pas une chimere inventée par
ceux qui ont envie de dominer. Il
eft fondé fur le refpect paternel ; &
abfolument neceffaire pour le bien de
la focieté. Car s'il étoit permis a
chacun d'abandonner fon Païs , comme un voyageur qui paffe de Ville
en Ville felon fon goût & fa commodité , il n'y auroit plus de focieté
fixe & conftante fur la terre.

Tous les hommes étoient originairement membres d'une même famille , ils ne parloient qu'une même Langue , ils ne devoient avoir
tous qu'une même Loi , mais ayant
perdu ce principe d'union qui les auroit rendu tous également Citoyens
de l'Univers , il n'étoit plus à propos
que le Monde leur fut commun à
tous ; pour les empécher d'être errans
& vagabons fur la terre fans ordre ,
fans union , fans regle , il étoit né-
ceffaire de les fixer , & de les attacher
à des focietés particulieres par la difference des Langues , des Loix &
des Climats.

Les hommes naiſſent donc ſociables par la Loi commune & immuable de leur nature intelligente, par l'indigence corporelle , par l'ordre de la generation , & par l'amour de la Patrie.

Loin d'ici toutes ces monſtrueuſes idées qui nous enſeignent que l'homme n'eſt naturellement & originairement engagé à être ſociable que par la ſeule crainte d'être opprimé ; que s'il étoit ſur de ne rien ſouffrir lui-même , il pourroit vivre libre & independant de tous les autres ; que les ſocietez ne ſe forment que par un contrat libre , & arbitraire , comme les compagnies de Marchands qui s'aſſocient librement pour faire le commerce & s'en retirent quand ils n'y trouvent plus leur profi.t Il eſt vrai que la crainte , l'avarice , l'ambition & les autres paſſions rendent le gouvernement & la ſubordination , neceſſaires , mais être ſociable , c'eſt un caractere eſſentiel de l'humanité.

CHAPITRE III.

Les hommes naissent tous plus ou moins inegaux,

QUoique les hommes soient tous d'une même espece, capables d'un même bonheur, également images de la Divinité ; c'est cependant se tromper beaucoup que de croire cette égalité de Nature, incompatible avec une veritable subordination. Il est certain que les hommes different les uns des autres par leurs qualitez personnelles. Leur Etre est d'une même espece, mais leurs manieres d'être sont infiniment differentes, & ces differences sont les fondemens d'une superiorité antecedente à tout contrat. Or ces differences peuvent être reduites à deux chefs generaux. La superiorité naturelle qu'il y a dans l'ordre des esprits, & la dependance necessaire qu'il y a dans l'ordre de la generation corporelle.

La sagesse, la vertu, & la valeur comme remarque fort bien *le Cheva-*

lier Temple donnent un droit naturel à la souveraineté. Par droit naturel j'entends un pouvoir fondé sur la Loi naturelle. Selon la Loi naturelle nul homme ne doit dominer sur un autre. Tous doivent se soûmettre à la raison, c'est elle seule qui a droit de commander, donc ceux qui sont plus en état de decouvrir ce qui est le plus raisonnable c'est à dire *les plus sages*; Ceux qui peuvent le suivre malgré leurs passions, c'est à dire les plus *vertueux*, ceux qui sont en état de le faire éxecuter aux autres en leur imprimant du respect & de la crainte, c'est à dire les plus *courageux*, ont sans doute plus de droit d'être choisis pour commander, que les ignorans, les mechàns, & les foibles.

C'est ainsi que certains hommes par la superiorité de leur esprit, par leur sagesse, leur vertu, & leur valeur, naissent propres à gouverner, tandis qu'il yen a une infinité d'autres qui n'ayant point ces talens semblent nez pour obéïr, L'Ordre de la Providence voulant qu'il y eut un gouvernement & par consequent une subordination; Il falloit que l'ordre de la

Nature y confpirât, & qu'il y eût
une difference de talens naturels pour
foûtenir cette fubordination.

Mais outre cette fuperiorité qui
vient des qualitez perfonnelles. Il y
en a un autre qui vient de l'ordre naturel de la generation.

Les amateurs de l'independance tâ-
chent d'avilir le refpect paternel par
plufieurs raifonnemens frivoles. *Nous
ne devons rien* difent-ils, *à nos Peres
pour avoir été les inftrumens de nôtre
Naiffance. Nos ames viennent immediatement de Dieu. L'intention de nos Peres en procréant nos corps a été plûtôt de
joüir du plaifir que de nousdonner l'Etre.*

Le deffein plus ou moins definte-
reffé du Bienfacteur, n'anéantit pas
le bienfait. Quelle que foit l'intention de nos parens en nous procréant,
il eft certain que nos corps font partie de leur fubftance. Ils font les inftrumens de nôtre exiftence, par confe-
quent nous devons toûjours les envi-
fager comme les premieres occafions
de tout le bonheur qui nous peut arriver. Nous devons fouvent trés peu
à la créature qui eft l'inftrument, &
la fimple occafion des biens qui dé-

coulent de l'Auteur de tous les Biens,
mais nous devons tout à son ordre. Or
son dessein en établissant cet ordre de
la generation n'a été que pour unir
les hommes & les obliger de se rendre les uns aux autres, les devoirs
mutuels de tendresse, & de reconnoissance, d'amour & de soûmission.

Le pouvoir paternel est encore fondé sur les obligations que nous avons
à nos parens, pour la protection
qu'ils donnent à nos corps, & l'é-
ducation qu'ils donnent à nos esprits.
Par l'un ils nous donnent les secours nécessaires dans la foiblesse
extreme de nôtre enfance; par l'autre ils nous rendent capables de
connoître nos differens devoirs quand
nous sommes parvenus à l'âge de
Raison. Selon l'ordre divin & humain de la Providence & de la Police, les Peres sont responsables à
Dieu & aux hommes de ce que font
leurs enfans avant l'âge de la Raison. Chaque Pere de famille ante-
cedamment à tout contrat a donc
un droit de gouverner ses enfans,
& ils doivent par gratitude le res-

pecter même aprés l'âge de la Raiſon comme l'auteur de leur Naiſſance & la cauſe de leur éducation.

Rien par conſequent n'eſt plus contraire à la nature & à la raiſon, qu'un
état où tous les hommes ſe trouvant
égaux & independans, auroient tous
un droit égal de juger & de commander. Cet état ſeroit contraire à
l'ordre de la generation & abſolument
inconcevable ; à moins de ſuppoſer
avec les Poëtes, que les hommes na-
quirent du limon, comme les gre-
noüilles, ou qu'ils ſortirent de la
terre comme les compagnons de Cad-
mus tous à la fois, avec toute la tail-
le & toute la force d'un âge parfait.
Il ſeroit contraire à la raiſon, puiſ-
que les perſonnes les plus ignorantes
& les plus incapables de juger auroient
eû autant de droit de commander &
de decider que les eſprits les plus
éclairés.

L'état d'égalité parfaite eſt non ſeulement contraire à la nature ; mais il
eſt abſolument incompatible avec
l'humanité aveugle, & ſéduite par les
paſſions. L'homme qui aime l'élevation
& l'autorité ne reſtera jamais de niveau

avec les autres, quand il pourra
s'élever au dessus-d'eux. L'amour propre rend chacun Idolâtre de soi, &
Tyran des autres quand il le peut devenir impunément. Les plus grands
partisans de cette égalité imaginaire
ont été toûjours les maitres les plus
despotiques quand ils ont eû l'autorité en main. L'aimable égalité où la
raison seule preside ne peut pas subsister parmi les hommes corrompus.
Les esprits superficiels & imaginatifs
peuvent s'ébloüir par ces belles idées,
mais une profonde connoissance de
l'homme nous en detrompera.

Il est vrai qu'il n'y a que la sagesse,
la vertu, & le merite qui puissent donner par eux-mêmes un droit naturel
à la preference. Mais comme l'orgueil & l'ambition nous poussent tous
à nous preferer les uns aux autres, il
falloit quelque signe plus fixe & plus
palpable pour decider des rangs, afin
de contenir les passions des hommes,
& de conserver la paix de la societé.
* La distinction la moins exposée à l'envie est celle qui vient d'une longue
suite d'Ancêtres, & c'est pour cela
que dans presque tous les états l'an-

* *Telem. libor. 12.*

clenneté des Familles regle les dignités

La subordination & l'inégalité des rangs étant necessaires , il faut qu'il y en ait un supreme auquel tous les autres soient soumis.

CHAPITRE IV.

De la necessité d'une Autorité Souveraine.

SI les hommes suivoient la Loi naturelle, chacun feroit par l'amour de la vertu ce qu'il fait par crainte & par interêt. On n'auroit pas besoin de Loix positives , ni de punitions exemplaires. La raison seroit nôtre Loi commune , les hommes vivroient dans une simplicité sans faste , dans un commerce mutuel de bienfaits sans proprieté , dans une égalité sans jalousie, On ne connoitroit d'autre superiorité que celle de la vertu, ni d'autre ambition que celle d'être genereux,& desinteressé. C'est sans doute l'idée de cet état si conforme à la nature raisonnable qui a donné occasion à toutes les fictions des Poëtes sur le siecle d'Or & le premier âge de l'homme,

Les Annales sacrées & profanes nous
montrent que l'homme n'a pas suivi
longtemps cette Loi naturelle; Nôtre experience nous convainc du
moins qu'il ne la suit pas à present. L'amour propre deregleé a rendu l'homme capable de deux passions
inconnuës même aux animaux, l'avarice & l'ambition : un desir insatiable
de s'approprier les biens dont il n'a
pas besoin pour sa conservation, & de
s'attribuër une superiorité que la nature ne lui donne pas.

A regarder l'humanité ainsi affoiblie
& aveuglée par les passions, on ne
voit dans les hommes qu'une liberté
sauvage, où chacun veut tout pretendre, & tout contester ; où la raison
ne peut rien, parce que chacun appelle raison la passion qui le transpor-
te ; où il n'y a ni proprieté, ni domaine, ni droit, si ce n'est celui du plus
fort, encore ne sait-on jamais qui
l'est, puisque chacun le peut devenir
tour à tour. Le Gouvernement est
donc absolument necéssaire pour regler la proprieté des biens & le rang
que chacun doit tenir dans la Societé ; afin que tout ne soit pas en proye
à tous

à tous, & que chacun ne soit pas l'esclave de tous ceux qui sont plus forts que lui.

L'ORDRE demande que la multitude ignorante & mechante ne soit pas libre de juger par elle même, & de faire tout ce qu'elle croit à propos. Il est absolument necessaire, à moins de vivre dans une Anarchie affreuse, où le plus fort fait tout ce qu'il veut, qu'il y ait quelque puissance supreme aux decisions delaquelle tous soient soumis.

Il faut donc necesseraiment que tout gouvernement soit absolu. Je n'entends point par *absolu* un Pouvoir arbitraire de faire tout ce qu'on veut, sans autre regle, & sans autre Raison, que la volonté Despotique d'un seul, ou de plusieurs hommes. A Dieu ne plaise que j'attribuë un tel pouvoir à la creature, puisque le souverain Etre ne l'a pas lui-même. Son Domaine absolu n'est pas fondé sur une volonté aveugle. Sa volonté souveraine est toûjours reglée par la Loi immuable de sa sagesse. Rejettons donc avec un celebre Poëte de nos jours ces monstrrueuses idées d'un pouvoir arbitraire qui enseignent.

Qu'un Roi n'a d'autre frein que sa volonté même,

Qu'il doit immoler tout à sa grandeur supreme,

Qu'aux larmes, au travail, le peuple est condamné,

Et d'un sceptre de fer, veut être gouverné.

Par le pouvoir *absolu* je n'entens autre chose qu'une Puissance qui juge en dernier ressort. Dans tout gouvernement il faut qu'il y ait une telle Puissance supreme ; Car puisqu'on ne peut pas multiplier les Puissances à l'infini, il faut absolument s'arrêter a quelque degré d'autorité supérieur à tous les autres, & dont l'abus soit reservé a la connoissance & à la vengeance de Dieu seul.

Or quelle que soit la forme du gouvernement soit Monarchique, Aristocratique, Democratique, ou Mixte ; Il faut toûjours qu'on soit soumis a une decision souveraine. Car il implique contradiction de dire qu'il y ait

Racine.
Athal.

quelqu'un au deſſus de celuī , qui tient le plus haut Rang.

Cette neceſſité abſoluë qu'il y ait parmi les hommes une ſuperiorité & une ſubordination eſt une preuve convaincante que le gouvernement en general n'eſt pas un etabliſſement libre dont on peut ſe diſpenſer. Rien ne ſeroit plus pernicieux dans la pratique que ce Principe. Dans tout contract libre le contractans ſont toûjours en Droit de le rompre quand l'un d'eux manque aux conditions ſtipulées, par là chaque particulier , devient libre & independant de l'autorité ſouveraine quand elle lui fait injuſtice, Il n'y a plus de guvernement aſſuré. Ce n'eſt pas la Roïauté ſeule qui eſt en danger, les Senats les plus reſpectables & les Républiques les plus ſagement établies , ſont expoſez ſanſ ceſſe a l'Anarchie la plus affreuſe.

Les formes du gouvernement peuvent être indifferentes & plus ou moins parfaites, mais l'independance & l'Anarchie étant abſolument incompatibles avec les beſoins preſens de l'humanité , & tout a fait contraires à sa Nature sociable, il faut necessairement pour conserver l'Ordre & la Paix que les hommes soient soumis à quelque Puissance supreme.

Par cette union du Corps Politique sous un, ou plusieurs Magistrats Souverains chaque particulier acquiert autant de force que toute la societé en commun. S'il y a dix Millions d'hommes dans la République, chaque homme a de quoi resister à ces dix millions, par leur dependance d'un pouvoir supreme qui les tient tous en bride, & qui les empéche de se nuire les uns aux autres. Cette multiplication de force dans le grand Corps Politique ressemble à celle de chaque membre du Corps humain. Separez les, ils n'ont plus de vigueur; mais par leur union mutuelle la force commune augmente, & ils font tous ensemble un Corps robuste & animé.

La subordination & le gouvernement étant necessaires, voïons qu'elle est la source de l'autorité souveraine.

CHAPITRE V.

De la source de l'Autorité souveraine.

PAr l'Autorité supreme on entend un pouvoir de faire des Loix, & d'en punir de violement même par la mort.

La souveraine raison a seule le Droit originaire de borner la liberté de la Créature par des Loix. Le Créateur tout Puissant qui donne la vie a seul le Droit de l'ôter. C'est Dieu seul dont le Domaine sur l'être & sur le bien etre de sa Créature est absolu, qui possede pleinement & essentiellement le Droit de la regler, & d'en punir les dereglemens. Il n'y a donc qu'une source primitive de toute Autorité c'est la *Dependance Naturelle*, ou nous sommes de l'Empire de Dieu, comme souveraine sagesse & comme auteur de nôtre Etre.

La Necessité absoluë, qu'il y ait sur la terre quelque Autorité supreme qui fasse des Loix, & qui en puniffe le violement, eft une preuve auffi convaincante que Dieu qui aime effentiellement l'Ordre, veut que fon autorité foit confiée à quelques Juges fouverains, que S'il l'avoit declaré par une revelation expreffe à tout le genre-humain. Le gouvernement en general eft donc l'Ordre divin.

Deplus le Droit qu'ont une ou plufieurs perfonnes de gouverner preferablement aux autres ne vient que de l'Ordre exprés de la Providence comme dans le Phyfique & le Naturel, il y a une action fecrete & univerfelle du premier moteur, qui eft l'unique fource de toute la force, de tout l'Ordre, de tous les mouvemens que nous voïons dans la Nature; de même dans le gouvernement du monde il y a une Providence fouveraine & cachée qui arrange tout félon fes deffeins éternels. Tous les momens de nôtre exiftence font liez avec une éternité de fiecles futurs, & tout ce qui fe fait en chaque moment a rapport à ce qui peut arriver dans tous les autres. La liberté interieure de la creature demeure parfaite, absoluë, independante de toute predetermination, de toute prescience, de tout arrangement qui la contraint ou la detruit. Mais l'état, le rang, les circonstances exterieures ou chacun de nous se trouve sont reglez avec poids & mesure. Tous les differens evenemens qui paroissent aux hommes aveugles les effets du hazard, ou de leur vaine sagesse, sont tellement enchainez les uns avec les autres qu'ils contribuent a accomplir les desseins du souverain Etre qui conduit tout à ses fins. Souvent même ce qui paroit le plus indigne de nôtre attention devient le ressort des plus grands changemens. Le moindre mouvement d'un Atome peut causer des revolutions innombrables dans le monde. un petit Insecte venimeux voltigeant dans l'air pique la main d'un Jeune Prince, elle s'enflamme, l'inflammation augmente, l'enfant Royal meurt, il s'eleve des disputes sur la succession, l'Europe entiere s'y interesse, les Guerres commencent par tout, les Empires sont renversez, & le premier Mobile de toutes ces revolutions a été l'action d'un animal invisible.

Ce n'est donc pas par hazard que les uns naissent pauvres, les autres riches, les uns grands, les autre petits, les uns Roys, les autres sujets. Ce partage inegal des biens & des honneurs de ce monde est fait avec une sagesse infinie qui fait ce qui convient a chacune de ses Créatures.

Rien n'est plus admirable que cet Ordre de la Providence par lequel les uns naissent grands, les autres petits, les uns puissans, les autres dependans. Par là les grands ont occasion d'imiter la bonté divine en protegeant les petits, & les petits d'exercer la reconnoissance en rendant des services aux Grands ; & par ce commerce mutuel de bienfaits, les uns & les autres doivent entretenir l'union & l'Ordre dans la societé. La distinction des rangs attachée souvent à des choses qui ne sont par elles mêmes d'aucune valeur, doit empêcher les Grands de mepriser leurs inferieurs, & engager les petits a respecter les Grands a cause que l'Ordre veut qu'il y ait une subordination parmi les hommes. Cette inegalité de rangs & ces dignitez qui revoltent souvent , quand on ne regarde que ceux qui en font revetus , deviennent pourtant justes quand ont les considere comme des suites de l'ordre établi pour conserver la Paix de la societé.

Violer les droits de la subordination établie est donc un crime de leze-Majesté divine ; vouloir renverser la superiorité des rangs , reduire les hommes a une égalité imaginaire , envier la fortune & la dignité des autres , ne se point contenter de la mediorité & de la bassesse de son état, c'est blasphemer contre la Providence , c'est attenter sur les droits du souverain Pere de famille , qui donne a chacun de ses enfans la place qui lui convient.

Voila le fondement sûr & immuable de toute Autorité legitime. Rien par consequent n'est plus faux que cette idée des Amateurs de l'independance que toute Autorité reside originairement dans le Peuple , & qu'elle vient de la cession que chacun fait a un , ou plusieurs Magistrats de son droit inhérent de se gouverneur soi-même.

Cette idée n'est fondée que sur la fausse supposition que chaque homme né pour soi, hors de toute société, est le seul objet de ses soins, & sa regle à lui même. Qu'il nait absolument son maître & libre de se gouverner comme il veut. Nous avons déja vû que l'homme antecedemment a tout contrat libre, a toute forme de gouvernement, a tout consentement exprés ou tacite, nait membre d'une société dont il doit preferer le bien public à son bien particulier & par conséquent qu'il n'est ni son maître, ni sa Loi à lui-même.

Il est vrai que le consentement libre ou forcé, exprés ou tacite d'un peuple libre, à la domination d'un ou de plusieurs, peut bien être un canal par ou decoule l'Autorité supreme, mais il n'en est pas la source. Le consentement n'est qu'une simple declaration de la volonté de Dieu qui manifeste par là a qui il veut que son Autorité soit confiée. Ces principes posez, il est evident

que le gouvernement en general
est non seulement d'Ordre divin ,
mais encore que le droit particulier
qu'ont un, ou plusieurs hommes d'é-
xercer la souveraineté à l'éxclusion
de tous les autres ne peut deriver
que d'une volonté de Dieu qui pre-
sidant sur les Conseils des humains ,
& reglant tous leurs mouvemens donne aux Nations, des maîtres pour
être les instrumens de sa Justice , ou
de la misericorde.

Mais quoique la Providence disposé des Couronnes a son gré , cependant elle n'approuve pas tout ce
qu'elle permet. Il y a certaines Loix
generales qui nous sont des marques non seulement que Dieu permet les choses , mais encore qu'elles sont dans son Ordre. Ces Loix
generales sont établies pour être les
regles constantes de nos devoirs , &
des signes certains de ce que Dieu
veut de nous. Or dans la Politique
les Loix generales sont tous les établissemens compatibles avec l'Ordre
& l'union de la societé , qui étant
de leur nature fixes , & palpables em-
pechent que la subordination ne soit

detruite , & que la supreme Autorité si necessaire parmi les hommes
ne soit sans cesse en proye a l'ambition de tous ceux qui voudroient
y aspirer.

Voyons quels sont les moïens de
fixer l'Autorité supreme & remon-
tons jusques a l'origine des notions
& à la premiere institution de societez civiles.

CHAPITRE VI.

De l'origine de societez civiles.

JE ne proposerai point ici l'Autorité divine de l'Ecriture Sainte. Je
ne parlerai que de son antiquité
qu'on ne peut recuser sans nous montrer quelque histoire plus autentique.

Moyse le plus ancien de tous les
Legislateurs & de tous les historiens
nous assure que tous les hommes
descendent de deux personnes unies
par lien conjugal ; & qu'aprés les
Deluge il ne resta que la famille de
Noë qui étant divisée en trois branches , se subdivisa encore en des Nations

tions innombrables. La Posterité de
Japet s'etendit dans l'Europe, celle
de Sem dans l'Asie, celle de Cham
dans l'Afrique. Leurs enfans se multipliant en plusieurs familles, se
repandirent sur la face de la Terre,
la partagerent entre eux, & devinrent chacun pere d'une Nation dif-
ferente. Si l'Origine des autres Nations étoit aussi claire & aussi certaine que celle dont les Saintes Ecritures font mention, les racines de
toutes les branches du Genre-Humain
pourroient être reconnuës. Les Grecs
dont les Histoires sont les plus anciennes & les plus autentiques de
toutes celles que nous connoissons
parmi les Payens, nous ont donné
la même idée de la propagation du
Genre-Humain, & de l'origine des
Nations. Les Pelasgiens selon eux
sont descendus de Pelasgus fils de Jupiter, les Helleniens de Hellen fils
de Deucalion, les Heraclides d'Her-
cule &c. Je suppose que les Annales d'une Antiquité si reculée ne peuvent être que tres obscures & souvent fabuleuses. Je remarque seulement que les Historiens de tous les

E

Païs conviennent tous à nous montrer que les differens Peuples qui
couvrent la face de la terre , font
descendus de differens enfans d'un
même pere ; & que toutes *les Na-*
tions se font formées par la multiplication d'un même Trone en plusieurs branches.

Rien n'est plus conforme que cette idée à ce que nous voïons chaque
jour dans tous les païs du monde,
ou les differentes familles & Tribus
font remonter leur origine jusqu'à
un pere commun.

Toutes les Traditions anciennes
tant sacreés que profanes nous assu-
rent que les premiers hommes vivoient long-tems. Par cette longueur
de la vie humaine , & la multiplicité des femmes qu'il étoit permis
à un seul homme d'avoir , un grand
nombre de familles se voïoit reuni
sous l'Autorité d'un seul grand Pere. Chaque Pere de famille se saisis-
sant d'une portion de terre encore in-
habitée, la distribuoit entre ses enfans, & ces enfans s'emparant de
nouvelles possessions à proportion
qu'ils multiplioient en nombre , la

famille d'un seul homme devenoit bien-tôt un peuple gouverné par celui que nous suppofons avoir été le premier pere de tous. Les plus vieux des enfans acqueroient l'Autorité fur leur posterité, par les mêmes Droits Paternels que le Pere commun s'en étoit acquis fur eux. Ils entroient en confultation avec lui, & avoient part à la conduite des affaires publiques. Tous les Peres foûmis au Pere commun gouvernoient de concert avec lui la Patrie, la Nation, ou la grande famille.

C'eft là la premiere Origine du gouvernement, & de l'Autorité des anciens, fi refpectée parmi les Juifs, les Spartiates, les Romains, & chez toutes les Nations du monde, foit polies, foit barbares. C'eft pour cela qu'anciennement on appeloit les Rois Peres dans prefque toutes les langues. C'eft pour cela enfin que le mot de Nation ne fignifie qu'un grand nombre de familles defcenduës d'un même Pere.

Le Genre-Humain continuant à fe multiplier de plus en plus les familles fe fubdiviferent toûjours, & ne se trouvant plus soûmises par l'Autorité paternelle à un seul Chef de qui elle descendissent toutes, elles formerent des societez différentes; les unes se tournerent en Etat Monarchique par l'Autorité que quelqu'un d'entre elles s'attira sur la multitude, ou par son courage, ou par sa vertu, ou par sa sagesse. D'autres craignant l'abus de l'Autorité entre les mains d'un seul, la partagerent entre plusieurs. D'autres enfin voulant réünir tous les avantages de l'un & de l'autre gouvernement en composerent de Mixtes de toutes les especes, tous fondez sur la necessité, qu'il y ait quelque forme fixe & qui ne soit pas sujette aux caprices de chaque particulier. Ces formes ayant été une foi établies, il ne doit plus être permis de les changer. La même Raison qui rend le gouvernement en general necessaire, demande aussi que la forme en soit Sacrée & inviolable. Comme les hommes seroient sanscesse en trouble s'il n'y avoit point de gouvernement, de même ils seroient toûjours exposez à l'agitation, si les formes du gouvernement une

fois établies pouvoient être changées
au gré de chaque particulier qui voudroit s'ériger en reformateur. Rien
donc ne doit être plus Sacré aux nations que la Constitution primitive
& fondamentale des Etats. Quelle que
soit la forme du gouvernement ,
quel qu'en paroissent les defauts &
les abus , s'il a été établi de temps
immemorial , s'il a été confirmé par
un long usage , il n'est plus permis
aux particuliers de l'altérer , ni de le
detruire sans le concours de la Puissance souveraine. La Raison en est
qu'il y a des dangers infinis de changer même les formes du gouvernement les plus imparfaites, auxquel-
les un Peuple est déja accoûtumé, &
de laisser aux sujets le droit d'entre-
prendre d'eux mêmes ces changemens. Si l'on leur accorde une fois ce
pouvoir, il y a plus de regle fixe pour
arrêter l'inconstance de la multitude , & l'ambition des Esprits turbu-
lens qui entraineront sans cesse la populace sous le pretexte specieux de
reformer l'État , & de corriger les
abus. Le peuple donc ne peut pas
échanger une Monarchie en Republi-

que, ni une Republique, en Monarchie, ni rendre electif un Royaume hereditaire independamment du pouvoir legitime & supreme qui subsiste alors dans l'État. Le Senat & Peuple Romain a pû donner la Dictature perpetuelle à un seul homme & le faire Empereur, mais Sylla, Catilina, & Cesar étoient Usurpateurs, parcequ'ils voulurent s'emparer de l'Autorité souveraine malgré le Senat en qui residoit la Puissance supreme de la Republique Romaine. Un Roi absolu peut relacher de ses prérogatives, mais si le peuple veut les lui arracher par force, il devient rebelle. C'est que les hommes corrompus étant incapables à cause de leurs prejugez, de leurs Passions, ou des bornes naturelles de l'Esprit humain, de juger de ce qui est absolument le meilleur en soi, il faut quelque Principe moins équivoque que la bonté apparente des choses pour fixer les droits de la société & de la souveraineté, & ce ne peut être que l'ancienneté des coûtumes, ou le consentement de la Puissance qui tient rang supreme dans un état. Nous vo-

'ïons que le grand Legiflateur des Juifs *maudit celui qui change les bornes de l'heritage de fon prochain;* à beaucoup plus forte raifon les droits de la fouveraineté, puifque les Tiônes & les Empires doivent être encore plus Sacrez qu'un arpent de terre.

Eclairciffons par ces principes le Syfteme de ceux qui donnant tout à la Providence, foutiennent qu'un Roi de fait, eft Roi de droit ; examinons enfuite les objections des Antiroyaliftes contre le Droit hereditaire. Tachons enfin de refuter les Maximes pernicieufes des Amateurs de l'independance fur la revolte, contre ceux, qui abufent de l'Autorité fouveraine.

CHAPITRE VII.

Du Roi de Providence;

Uelques Auteurs refpectables d'ailleurs ont voulu foutenir que Dieu étant l'unique fource de toute Autorité, on doit non feulement obéïr à quiconque poffede actuellement la

Deut: 16. 17.

souveraineté, mais encore reconnoitre son Autorité comme legitime,
parcequ'elle est de permission divine.

La simple permission divine ne donne jamais aucun droit, il faut être
soumis a tout ce que Dieu permet,
mais il ne faut pas l'approuver comme
juste. Il y a une grande difference entre obéïr au Roi de Providence, &
reconnoitre son droit comme legitime. Il faut sans doute payer les ta-
xes qu'un usurpateur impose, obéïr
aux Loix Civiles qu'il fait, se soumettre generalement à toutes ses ordonnances, qui sont necessaires pour conserver l'ordre & la paix de la societé. Mais il ne faut jamais que cette
obeïssance aille jusques à approuver
l'injustice de son usurpation ; beaucoup moins a jurer qu'il a droit à la
Couronne dont il s'est emparé par
violence. *Il est certain*, dit le celebre
Grotius, *que les actes de Jurisdiction
qu'exerce un usurpateur qui est en possession, ont le pouvoir d'obliger, non en vertu de son droit, car il n'en a aucun, Mais
parceque celui qui a le vrai droit sur l'E-
tat aime mieux que les choses que l'usurpateur ordonne, ayent lieu dans cet in-*

tervalle, que de voir ses Etats dans une confusion deplorable, comme ils demeureroient sans doute, si l'on en abolissoit les Loix, & si l'on interrompoit l'exercice de la Justice.

Les partisans d'un Roi de Providence ont recours aux maximes du Christianisme pour justifier leur opinion.

Cesar, disent ils, étoit un usurpateur, cependant Jesus-Christ & ses Apôtres ordonnerent d'obéir aux Empereurs Romains.

On pourroit repondre selon le sentiment des plus habiles Historiens Romains de ce temps-là, que Rome ne pouvoit plus subsister sous la forme d'une République. Il falloit necessairement que l'unité de la Puissance supreme éteignit les Discordes & les Guerres civiles qui arrivoient sans-cesse entre les chefs de Party qui aspiroient à la souveraineté. *Les Provinces*, dit Tacite, *ne montroient pas de repugnance pour ce nouveau gouvernement à cause que celui du Senat & du Peuple leur étoit à charge par les querelles continuelles de Grands, & l'avarice des Magistrats contre qui l'on implo*-
Annal. lib. 1.

roit en vain le ſecours des Loix, qui ce-
doient à la force, aux brigues & a l'argent. Le gouvernement Monarchique
devenant neceſſaire pour le repos de
Rome, il n'y avoit perſonne qui eût
plus de droit à la Couronne Imperiale
que les Ceſars: ſi cette reponſe eſt
trop vague, en voici une preciſe. Ju-
les Ceſar étoit uſurpateur auſſi bien
que ſon ſucceſſeur Auguſte. Mais je nie
que Tibere qui regnoit dans le temps
de nôtre Seigneur, & a qui il ordon-
noit de païer le tribut, fut uſurpateur
en aucun ſens. Ceſar avoit changé la
forme du gouvernement par force, par
violence & par des crimes atroces.
Auguſte s'étoit attiré l'Autorité du Senat, des Magiſtrats, & des Loix dans
le temps de l'afoibliſſement de la Republique. Mais la ceſſion pleniere &
libre que firent les Patriciens, les Ple-
beiens, les Chevaliers Romains, &
tous les ordres, de l'Autorité ſouveraine à Tibere eſt un des Actes de plus autentiques de toute l'hiſtoire. Rien n'eſt
plus remarquable que les refus que fit
cet Empereur de la Couronne Imperiale, & les ſupplications ardentes que
lui fit le Senat à genoux de l'ace, teſ

Quoique le Caractere de Tibere marque assez que ses resistances étoient feintes, cependant la cession qu'on lui fit de l'Autorité souveraine étoit formelle & autentique. Il fut donc proprement le premier Empereur legitime, parcequ'il fut choisi par ceux qui avoient un veritable droit d'election. Il changea la forme du gouvernement de Rome, mais il le fit avec le consentement de ceux en qui residoit alors le pouvoir supreme, je veux dire le Senat, & le Peuple Romain. Or personne ne doute que dans certains cas, la Puissance souveraine d'un état ne puisse changer la forme du gouvernement. C'est une voye legitime, compatible avec l'ordre, elle ne nous expose point à l'Anarchie, Mais dans les Etats où le pouvoir supreme n'est pas le Senat, où les differens ordres soit Patriciens, soit Plebéiens ne sont que les Conseillers du Prince, il est certain que leur pouvoir subalterne & subordonné ne peut jamais agir independamment de la Puissance Royale & suprême, sans exposer la Republique a l'Anarchie la plus affreuse.

Il y a une autre espece de Politiques

qui ſoutiennent que le droit hereditaire des Couronnes eſt une chimere,
C'eſt ce que nous allons examiner.

CHAPITRE VIII.

*Le Droit Hereditaire de Terres, & celui
de Couronnes ſont fondez ſur les mêmes
Principes.*

PAr Droit en general, on entend le
pouvoir de faire & de poſſeder
certaines choſes ſelon une Loi. La Loi
eſt ou naturelle ou civile, & par conſequent le droit eſt ou naturel ou civil.

Selon le droit naturel, nul homme
ne peut faire ni poſſeder rien que ce
qui eſt conforme à la parfaite & ſou-
ueraine juſtice, parceque la Loi naturelle dont ce droit depend, eſt fondée
ſur l'ordre immuable de ce qui eſt juſ-
te & parfait en ſoi. Si les hommes
étoient en état de connoitre toûjours
cet ordre, & de le ſuivre, on n'auroit pas beſoin de Loix civiles. Chacun auroit ſa Loi au dedans de lui-
même. Mais l'ignorance & la Malice
de

de l'homme l'empêchant de decouvrir & de fuivre le jufte & le parfait en foi ; il faut quelques regles
generales de conduite qui fixent l'autorité , comme les poffeffions. Tâchons de developer ce principe.

Selon la Loi naturelle qui eft celle de la droite raifon , celui qui eft
le plus capable de decouvrir ce qui
eft, jufte , c'eft-à-dire le plus fage ,
celui qui aime la Juftice , c'eft-à-dire le plus vertueux , devroit fans doute être preferé à un autre moins fage
& moins vertueux dans la diftribu-
tion des biens & de l'autorité. Mais
comme l'orgueil, l'amour de l'independance,& les autres paffions nous
portent à nous preferer aux autres ,
il falloit quelque regle moins équivoque , que les qualitez perfonnelles
pour fixer la poffeffion de la fouveraineté , afin qu'elle ne fût pas fans-
ceffe en proye à l'ambition des hommes , comme pour fixer la proprieté des biens afin qu'ils ne fuffent pas
toûjours en proye à leur avarice. Le
droit hereditaire a'iant été établi dans
certains Etats pour regler l'un & l'autre, c'eft un auffi grand crime d'atta-

F

quer l'un que d'attaquer l'autre.

Quelques sages Legiflateurs ont crû que les fujets ne doivent rien poffeder en propre, que les Etats bien gouvernez doivent reffembler aux familles, que les terres & les poffeffions doivent appartenir à la Republique, que les peres de la Patrie doivent diftribuer à chaque famille ce dont elle a befoin, afin qu'il n'y ait ni pauvres ni procez. Telle a été l'ancienne inftitution de Sparte par Lycurgue. Tel étoit le gouvernement des Incas ou des Empereurs du Perou, fi ce que nous en dit l'hiftoire eft vrai. Il eft certain que cette forme de gouvernement feroit admirable, fi les Souverains & les Magiftrats étoient des veritables Peres du peuple, Mais la corruption, le fafte, l'avarice, la molleffe, la dureté des Grands pour tout ce qui eft au deffous d'eux & la jaloufie des petits contre tout ce qui eft au deffus d'eux, rendent un tel établiffement impraticable, & les regles qui fixent la proprieté des biens néceffaires.

Je conclus de tout reci que le droit

hereditaire des Couronnes, & des
terres sont tous deux egalement inviolables dans tous les païs où ils
sont établis. S'il n'y a point de difference entre un Roi legitime, & un
usurpateur, il n'y en a point non
plus entre un heritier naturel, & un
possesseur injuste, entre un veritable
proprietaire, & un voleur de grand
chemin. Les premiers occupans n'a-
voient point de droit inherent & naturel de transmettre à leur posterité
la possession des terres à l'exclusion
de tout le genre humain. Les premiers souverains & fondateurs des
Republiques n'avoient nul droit de
transmettre la Royauté à leurs successeurs. Mais si l'un & l'autre sont
devenus nécessaires pour prevenir les
maux d'une nouvelle distribution des
biens, & d'une nouvelle élection des
Princes en chaque siécle, si l'un &
l'autre ont été confirmez par un
long usage, & une prescription de
temps immemorial, c'est un aussi
grand crime de changer l'un que de
changer l'autre. On est injuste & ra-
visseur de voler le plus simple meu-
ble, de prendre quelque arpent de

terre ; sera t'on juste de voler des
Couronnes , & de s'emparer des Royaumes ? Le monde entier n'est devant Dieu qu'une même Republique.
Chaque Nation n'en est qu'une famille. La même Loi de justice &
d'ordre qui rend le droit hereditaire des terres inviolable , rend le
droit hereditaire des Couronnes fa-
cré. Pour faire sentir l'absurdité des
principes contraires , quittons un
peu le style serieux, & écoutons pour
un moment les raisonnemens que ces
maximes inspireroient également à
un fier republicain , & à un voleur
de grand chemin.

Les Rois , (dira le Republicain) ne
sont que les depositaires d'une autorité qui reside originairement dans le
peuple. Les hommes naissent libres
& independans. Mes ancêtres ont cedé leur droit inherent de se gouverner eux-mêmes aux Souverains, à
condition que ces Magistrats suprêmes gouverneroient bien. Le Roi a
violé ce contract originaire. Je rentre
dans mon premier droit, je le reprens
& je veux le donner à un autre qui
en fera meilleur usage. Le droit here-

ditaire des Couronnes est une chimere. Par quelle autorité les premiers
Princes ont-ils pû transmettre à leurs
enfans un droit à l'exclusion du genre humain, & de mille autres plus
dignes de gouverner que leurs descendans? Mes ancêtres ne pouvoient
pas leur transferer sans mon consentement, un pouvoir qui anéantit mon
droit inherent, & naturel : & certainement leur dessein en confiant
ce droit aux Princes, n'étoit pas de
rendre leur posterité miserable,

Vous avez raison, repond le voleur,
C'est sur ces mêmes principes que
je regle ma vie. Les riches ne sont
que les depositaires des possessions qui
appartiennent à tout le genre-humain.
Les hommes naissent tous citoyens de
l'Univers, enfans d'une même famille. Ils ont tous un droit inherent &
naturel à tout ce dont ils ont besoin
pour leur subsistance. Je suppose avec
vous que mes ancêtres & les vôtres
ont fait par un accord libre entre
eux, le partage des biens de la terre ;
mais les miens ont prétendu sans doute que leur posterité seroit pourveuë
de tout ce qui lui seroit nécessaire. Les

riches ont violé ce contract. Ils se
font emparez de tout, rien ne me
reste. Je rentre dans mon droit naturel. Je le reprens; & je veux me
saisir de ce qui m'apartient par nature. Le droit hereditaire des terres
est une chimere. Par quelle autorité
les premiers occupans ont-ils pû transmettre à leur posterité un droit à l'exclusion de tous les hommes souvent
plus dignes que leurs descendans?
Mes ancetres ne pouvoient pas transferer aux autres sans mon consentement, un droit qui anéantit mon droit
inherent & naturel. Et certainement
leur dessein dans la distribution originaire des biens n'étoit pas de rendre leur posterité miserable. Puisque
ces Princes & ces Magistrats que vous
appellez usurpateurs sur les droits de
l'humanité, m'empêchent de joüir de
ce qui m'appartient par Nature, je
veux soûtenir mon droit, & faire
main basse sur le superflu de tous
ceux que je rencontre. Or comme je
m'aperçois, brave Tribun du peuple &
digne partisan de la liberté naturelle
des hommes, que vous avez plus
d'argent qu'il ne vous faut, permet-

tez-moi de vous dire qu'il appartient
à vos freres mes compagnons, & à
moi qui sommes depourvûs de tout.
Faitez-moi la même justice, que vous
voulez que les Princes vous fassent.
Ils ont violé vos droits naturels,
vous empietez sur les nôtres. Nous
n'avons rien, vous avez beaucoup
plus qu'il ne vous faut. Nous sommes
vos freres, nous vous aimons, nous
ne voulons point vôtre vie, nous
ne demandons point vôtre nécessaire,
partagez seulement entre nous ce
dont vous n'avez pas besoin.

Que diroit un Antiroyaliste qui ren-
contreroit sur le grand chemin un semblable voleur, poli honnête, & zelé
pour les droits naturels de l'humanité
Je ne vois pas quelle autre reponse il
pourroit lui faire que de lui donner
sa bourse sans pouvoir se plaindre de
la moindre injustice. Qu'on me par-
donne cette petite disgression, *Ri-
dendo dicere verum quid vetat ?*

On dira peut-être qu'il seroit permis à chacun de s'emparer du superflu des autres, s'il n'y avoit pas des
moïens legitimes établis, tels que la
succession, les contracts, le travail

du corps , ou de l'eprit pour devenir
proprietaire des biens. Je dis de même qu'il feroit permis à chacun d'afpirer à la fouveraineté , s'il n'y avoit
pas des moïens legitimes établis, tels,
que le droit hereditaire ou l'élection
pour parvenir à l'autorité fuprême.
Nul homme ne naît Roi par droit
inherent , & naturel , à l'exclufion
de tous les autres hommes plus dignes que lui. J'en conviens : Mais
auffi nul homme ne naît proprietaire des biens fuperflus par un droit inherent , & naturel ; à l'exclufion de
tous les autres hommes plus dignes
que lui.

S'il y avoit un moyen fixe pour diftribuer les Couronnes felon le droit
naturel , c'eft-à-dire felon la Loi immuable de la parfaite & fouveraine
juftice ; le droit hereditaire des Empires feroit injufte. De même le droit
hereditaire de terres feroit illicite s'il
y avoit un moïen fixe pour diftribuer
les biens felon la Loi immuable de
la juftice parfaite , mais les paffions
des hommes, & l'état prefent de
l'humanité rendant la chofe impoffible , il faut qu'il y ait quelques

regles generales pour fixer les possessions des couronnes, comme pour
fixer celle des biens. Par tout où
le droit hereditaire est etabli pour
regler l'un & l'autre, il y a autant
d'injustice de changer l'un que de
changer l'autre, sans le consentement
du legitime possesseur, & du vrai heritier.

Mais, dira-t'on, puisque le droit de
proprieté, & le droit de souveraineté
sont fondez sur les mêmes principes,
la Loi de prescription doit avoir lieu
dans l'un, comme dans l'autre.

La Possession donne sans doute le
droit civil aux couronnes comme aux
terres, quand il n'y a point de pre-
tendant legitime. Mais s'il y en a un,
la possession est une usurpation. Le
droit de domaine, & le droit de domination étant tous deux fondez sur
la necessité de conserver l'ordre,
l'ancienne possession de la souveraineté en rend l'autorité legitime, par
les mêmes raisons que l'ancienne possession des terres en rend la proprieté legitime. La possession des terres
d'abord injuste, devient legitime a-
prés un certain temps, parce que

la generation des hommes variant
sans-cesse, & perissant toûjours, on
ne peut pas remonter jusques au
premier possesseur quand la succession est long-tems interrompuë &
oubliée. Cela causeroit des troubles
& des desordres infinis dans la societé. Et comme les premiers occupans
n'avoient aucun droit inherent & naturel de s'approprier plus que ce
dont ils avoient besoin, pour leur
subsistance, ni de le transmettre à leur
posterité, à l'exclusion de tous les autres hommes, l'ordre demande que le
droit de possession actuelle prenne la
place de l'acquisition originelle des
premiers occupans, dont on ne con-
noit plus les descendans. C'est pour
les mêmes raisons, qu'une conquête
d'abord injuste devient juste après une
longue suite d'années. Mais tandis
que le vrai heritier, & le successeur
immediat en ligne directe subsiste &
reclame son droit, la Loi de prescription ne peut avoir place dans les
Royaumes hereditaires, non plus que
dans les possessions hereditaires,

CHAPITRE IX.

La revolte n'est jamais permise.

LEs amateurs de l'independance, & les Republicains outrez, croient que le seul remede contre les abus de l'autorité souveraine, est de permettre au peuple de se soulever contre les Princes injustes, de les deposer, & de les traiter en criminels. Ils avancent par tout des principes qui en attaquant le pouvoir arbitraire, font tomber dans l'Anarchie. Rien n'est plus pernicieux que ces maximes; en voici les Raisons.

1. La puissance souveraine ne dérive que de Dieu seul comme nous l'avons vû. Les Couronnes, les Empires, le gouvernement des Republiques ne sont pas donnez au hazard. La Providence qui ne permet pas la ruïne du Genre humain, non plus que de la Nature, ne veut pas laisser le peuple éternellement opprimé par un mauvais gouvernement, comme elle ne trouble pas l'Univers par des

continuelles tempêtes, on doit donc
supporter les mauvais Princes & esperer pendant l'orage un temps plus
serein, c'est parce que les hommes ne
croïent point qu'ily ait une Providence souveraine qui gouverne tout, qu'ils
veulent choisir, & déposer les Princes
à leur gré. Ce droit n'appartient qu'à
lui seul, qui connoît jusques où il veut
permettre aux Princes tiranniques
de punir, & de chatier une Nation. Les
hommes doivent attendre ce moment
quand ils ne peuvent pas remedier
à leurs malheurs sans renverser tout
ordre, & toute subordination. Tous
les argumens des amateurs de l'independance n'ont de force qu'en admettant l'irreligion la plus outrée, en
niant toute Providence, & en croyant
le monde abandonné au hazard.

2. Je suppose pour un moment a-
vec eux que la source de toute autorité vienne du peuple, & de la cession
qu'il a fait de son droit naturel. Il ne
s'ensuit pas qu'il soit toûjours en droit
de le reprendre aprés l'avoir donné u-
ne fois. Ce seroit retomber sans-cesse dans le même inconvenient pour
lequel il l'auroit donné. Un peuple

ayant

ayant éprouvé les maux, les confu-
fions, les horreurs de l'Anarchie donne tout pour l'éviter, & comme il ne
peut donner de pouvoir fur lui qui ne
puiffe tourner contre lui même, il
aime mieux hazarder quelques fois
d'être maltraité par un fouverain que
d'être fans-ceffe expofé à fes propres
fureurs. La revolte contre la Puiffance fuprème d'un Etat après une telle
ceffion eft une contradiction. Si cette Puiffance eft fuprème elle n'a point
de fuperieure. Par quelle autorité fe-
rat - elle jugée ? Si le Peuple eft toûjours Juge fouverain, il n'a donc
pas cedé fon droit, s'il ne l'a pas cedé,
la multitude peut toûjours s'abandonner à fes caprices fous pretexte qu'elle eft le plus grand nombre, auquel
appartient par droit inherent, naturel & inalienable l'autorité fouveraine. L'Anarchie devient inevitable parceque chaque feditieux qui peut affem-
bler la plus grande foule pretendra
être la Puiffance fouveraine de l'Etat.
Plus de Loix, plus de principes fixes,
plus de Conftitution fondamentale.
Tout fe gouvernera par la force. S'il
falloit choifir entre le Defpotifme, &

G

l'Anarchie, il faudroit sans doute preferer le premier au second. Le Successeur d'un tyran peut reparer les fautes de son Pere. Les beaux jours pour-
ront refaire ce que les mauvais auront
gâté. Il y a toûjours quelque ressource
contre les maladies du grand Corps
Politique, tandis que le principe de sa
vie n'est pas attaqué, tandis qu'il y a
quelque ordre & quelque autorité
souveraine qui retient la multitude.
Mais dans l'Anarchie, il n'y a point
de ressource, chacun est l'esclave de
tous ceux qui sont plus forts que lui.
Chaque particulier devient Tyran. La
Tyrannie se multiplie sans fin, & en
se multipliant, se perpetuë. On ne peut
jamais l'arrêter ni la suspendre que par
l'obéissance & la soumission à quelque
autorité suprême, qui ne soit responsable qu'a Dieu seul de l'abus de sa
Puissance.

3. Les embarras de sa souveraineté
sont plus grands que ceux d'aucun autre état. * *La condition privée cache les
defauts naturels, à cause qu'on n'est pas
exposé à la vûë des hommes. Au contrai-*
* Telem lib. 12.
pag. 247.

re la grandeur & l'elevation mettent tous
les talens à une rude epreuve. Le monde
entier est occupéà observer un seul homme,
à toute heure, & à le juger en toute rigueur.
Ceux qui le jugent n'ont aucune experience de l'état où il est, & ils n'en
sentent point les difficultez. Les Rois
quelque bons & sages qu'ils soient sont
encore hommes. Leur esprit a des bornes
& leur vertu en a aussi, ils ont de l'hu-
meur, des passions, des habitudes dont
ils ne sont pas tout à fait les maîtres.
Ils sont obsedez par des gens interes-
sez & artificieux. La souveraineté porte avec elle toutes ces miseres. L'impuissance humaine succombe sous un far-
deau si accablant. Il faut plaindre les
Rois & les excuser. Ne sont-ils pas à
plaindre d'avoir à gouverner tant d'hommes dont les besoins sont infinis, & qui
donnent tant de peines à ceux qui veulent les bien gouverner. Pour parler fran-
chement les hommes sont fort à plaindre d'avoir à être gouvernez par des
Rois qui ne sont que des hommes semblables à eux; Car il faudroit des Dieux
pour redresser les hommes. Mais les Rois
ne sont pas moins à plaindre n'étant
qu'hommes c'est-à-dire foibles & im-

parfaits, d'avoir à gouverner cette multitude innombrable d'hommes corrompus & trompeurs. Les Loix tolerent quelques fois les fautes des particuliers, à combien plus forte raison est il juste de souffrir patiemment les fautes des souverains , & d'avoir égard à l'employ penible & relevé dont ils sont chargez pour nôtre conservation, aux embarras , aux tentations , & aux passions qui accompagnent l'autorité souveraine , où les moindres bevües ont de grandes consequences & où les plus legeres fautes ont de violens contrecoups.

4. Les affaires Politiques sont souvent si obscures & si delicates que non seulement le commun peuple, mais mème les personnes les plus éclairées d'ailleurs ne sont pas toûjours capables d'examiner si les mesures qu'on prend sont justes , & necessaires ou non. Les meilleurs & les plus sages desseins ont souvent un mauvais succés, au contraire les entreprises temeraires & injustes reussissent quelques fois. Le Peuple ne juge que sur les apparences & presque toûjours sur les évenemens. Deplus l'interêt public demande que

les vûës & les intentions des souverains soient tenuës secretes. Il est donc
trés difficile de juger quand le souverain à tort ou non: *La bonté ou la malice d'une action* dit le celebre Grotius,
*sur tout dans les choses civiles, sont sou-
vent d'une discussion si difficile qu'elles ne
peuvent pas étre la regle pour marquer
au peuple & aux Rois les bornes ou l'e-
tenduë de leur autorité.* Au contraire il
en arriveroit véritablement un grand desordre puisque le Roi d'un côté & le peuple de l'autre voudroient chacun decider
de la même affaire: Ce qui causeroit une
confusion qu'aucun peuple, au moins que
je sache, ne s'est encore mis dans l'esprit de vouloir introduire.

5. Ce qui sappe le fondement de
toute autorité, ce qui emporte avec
soi la ruine de toute puissance, & par
consequent de toute societé, ne doit
jamais être admis comme un principe
de raisonnement, ou de conduite dans
la Politique. Si la revolte cependant est
une fois permise, il n'y a plus de point
fixe pour arrêter l'extravagance de l'Esprit humain. Si le peuple peut se revolter aujourdhui pour quelque raison que ce soit, il pretendra trouver

demain des raiſons ſemblables pour
ſe revolter de nouveau. Comme l'opinion fait le même effet dans l'eſprit
des hommes que la verité, toutes les
fois qu'une partie du peuple s'imagi-
nera avoir raiſon de s'oppoſer aux Puiſſances ſouvéraines ; elle ſe croira en
droit de prendre les Armes. Il n'y a
point d'autorité infaillible dans la Politique. Les meilleurs Princes font de
grandes fautes. Si la revolte eſt jamais
legitime, tous ceux qui ont conçû de
la haine contre les perſonnes des Princes, qui ne trouvent pas le gouvernement à leur gré, qui ſont mecontens
parceque l'autorité n'eſt pas entre leurs
mains, ne ceſſeront de ſoulever le peuple chaque jour, & de fletrir les meilleurs Princes du titre odieux de Tyran. Tous les Eſprits hardis & ambitieux qui ſout capables de faire des
brigues & d'être chefs d'un parti pren-
dront de nouveaux pretextes de changer & de raccommoder la forme du
gouvernement. Voila l'aneantiſſement
de tout ordre, & la ſource des revolutions tumultueuſes, non ſeulement
dans chaque ſiecle, mais à chaque moment ; de ſorte qu'il n'y auroit plus de

Societé fixe & constante sur la terre;
mais le monde retourneroit sans-cesse
dans une Anarchie affreuse.

6. En changeant les souverains on
n'est pas sûr d'en trouver de plus moderez & de meilleurs que ceux qu'on
depose. *Croyez vous* disoit un Senateur
Romain *a que la Tyrannie soit morte avec
Neron, on l'avoit crûë eteinte par la mort
de Tibere & par celle de Caligula, &
pourtant nous en avons vû un troisiéme
plus cruel qu'eux.... b Claude avoit donc
bien raison de dire aux Ambassadeurs des
Parthes qui étoient venus lui demander
un meilleur Roi que le leur, que de si
frequens changemens ne valoient rien &
qu'il falloit s'accommoder le mieux qu'on
pouvoit aux humeurs des Rois. c Un ancien General d'Armée se servit utile-
ment de cette raison pour ramener des
sujets rebelles. Il faut supporter dit-il le
luxe & l'avarice de vos souverains comme les sterilitez, les orages, & les autres desordres de la Nature. Il y aura
des vices tant qu'il y aura des hommes,
mais le mal ne dure pas toûjours, & est*

a Tacite hist. Lib. 4.
b Tacite ann. 11.
c Petilius Cerealis dans Tacite hist.

recompensé par les bons Princes qui gouvernent de temps en temps.

Tous les hommes ont leurs passions;
l'autorité souveraine est une grande
tentation. Celui qui paroît aujourdhui
moderé, zelé pour la liberté, change bien ses idées quand il se voit éle-
vé au plus haut faite de la grandeur supréme. Tout homme porte en soi le
principe de la tyrannie, qui est l'amour
propre. Les frequens changemens ne
font donc pas le remède contre la
Tyrannie. Le Tyran change, mais
la Tyrannie subsiste. On n'est pas sûr
en se revoltant de trouver des meilleurs maîtres, mais on est sûr en
renversant les plus méchans Princes,
d'engager ses concitoyens dans les
guerres civiles, dans les caballes, les
factions & le trouble universel. L'a-
mour de la Patrie s'oppose donc au
renversement de la subordination, &
tout conspire à prouver que la revolte ne doit jamais étre permise sous
aucun pretexte.

Outre les amateurs de l'independance dont nous venons de parler, il y
a encore une autre espece de Partisans
de la revolte. Ce font les faux devots.

Salus populi suprema Lex ; Religio sancta summum Jus, sont les deux maximes par lesquelles les uns & les autres justifient leur doctrine pernicieuse.

Le bonheur du peuple est sans doute la suprême Loi & la fin de tout gouvernement, mais ce bonheur ne consiste pas seulement dans l'affluence des fruits de la terre. Il y a des biens plus chers à l'homme auxquels il doit sacrifier les biens inferieurs, qui lui sont communs avec les animaux. Tels sont la paix commune de la République, l'union des familles, & l'éloignement des guerres civiles, des factions, des caballes ; qui détruisent infiniment plus la Patrie que les impots même les plus excessifs. Nul homme n'a un droit naturel que precisement à ce qui lui est necessaire pour sa conservation. Si le bien public demande qu'il donne le superflu il ne peut pas se plaindre, puisqu'on ne lui ôte que ce à quoi il n'a point de droit par Nature pour lui conserver ce qui lui est plus important sçavoir la vie, la liberté &c. On ne pretend pas justifier la conduite inhumaine & barbare des souverains qui fou-

lent le peuple en levant des impôts
exorbitans. Ils lui ôtent souvent le necessaire : ce sont des monstres de l'humanité qui sont inexcusables. Je soû-
tiens seulement que si l'on ne peut pas
arrêter leurs excès par des voyes legitimes , & compatibles avec l'ordre &
la subordination , il faut les souffrir
en patience. Je dirai toûjours avec
Narbal dans Telemaque en parlant de
Pigmalion dont le portrait nous represente le plus execrable des Tyrans.
Pour moi je crains les Dieux , quoi-
qu'il m'en coûte je serai fidelle au Roi
qu'ils m'ont donné , j'aimerois mieux
qu'il me fit mourir que de lui ôter la vie
& même de manquer à le deffendre. Rien
n'est plus affreux que la Tyrannie
quand on n'envisage que les Tyrans.
Mais cette difformité disparoit , quand
on regarde la suprême Providence qui se sert de leurs desordres
passagers , pour accomplir son ordre
éternel. Ce seroit donc se revolter contre Dieu même que de se revolter contre les puissances qu'il a établies quand
même elles abusent de leur autorité.

Cette Reflexion nous mene naturellement à considerer si la Religion peut

tre un pretexte de revolte. C'est l'opi-
ion des faux devots de toutes les religions & de toutes les sectes qui cou-
rent la face de la terre. Elle vient
'une fausse idée de la religion com-
ne l'autre opinion vient d'une fausse
dée du bonheur du peuple. Rien n'est
plus grand ni plus noble que la religion. Rien n'est plus bas ni plus me-
prisable que l'idée qu'en ont commu-
nement ceux qu'on appelle devots. Les
hommes n'entendent point ce que c'est
que la religion quand ils la font consister uniquement dans le culte exterieur. Ce culte en est l'expression &
non pas l'essence, le sacrifice de l'esprit, & de la volonté a la verité & a
la perfection souveraine. Voila l'es-
sentiel de la religion, croire tout ce
que Dieu veut que nous croyons, aimer tout ce qu'il veut que nous aimions. Cette religion subsiste dans le
cœur quand même on ne pourroit pas
l'exprimer exterieurement. Nul Souverain, nulle créature visible ni invisible, nulle Loi, nulle peine ne peut
la mettre dans le cœur, ni l'en ôter.

Il n'est pas extraordinaire que les a-
mes foibles, Entousiastes, ou supetsti-

tieuses qui font consister toute la religion dans la profession de certains for-
mulaires ; ou dans la pratique de certaines ceremonies s'imaginent qu'on
peut leur ôter leur religion, comme
on leur ôte leur habit ; ou leurs biens.
Les fourbes & les politiques les enga-
geront facilement à prendre les armes
en leur persuadant qu'il s'agit du salut
de la religion : mais ceux qui sçavent
que la vraye pieté consiste à croire, à
penser & à aimer comme Dieu veut
que nous pensions, que nous croyions
& que nous aimions, ne se revolteront
jamais contre les puissances legitimes.
La foi & la charité sont independan-
tes de toute contrainte exterieure, elles se perfectionnent dans le Temple
du cœur quand la violence nous empêche de les exprimer au dehors. Alors
on souffre pour elles, & par elles &
la Croix en est l'exercice le plus parfait.

Mais quoiqu'il ne soit jamais permis
de se revolter contre les puissances su-
prémes, il n'est pas permis cependant
d'obéir à toutes leurs volontez impies
& deraisonnables. Il y a une grande
difference entre accomplir toutes les
volontez

volontez arbitraires d'un Prince, &
la simple & paisible souffrance quand
on ne peut pas lui obéïr sans violer
les Loix divines. Il n'est jamais permis
de se soulever contre un Souverain qui
abuse de sa puissance pour ordonner
le mal. Il y a une grande différence
entre l'obéïssance active pour se rendre ministre du mal, & l'obéïssance
passive qui fait souffrir ce qu'on ne
peut empêcher sans troubler l'ordre &
la subordination établie.

Quoi dira-t'on il n'est point permis
de resister, quand on voit clairement
que ceux qui exercent l'autorité souveraine passent les bornes. Il n'est point
permis de contenir & de brider une
puissance qui ravage tout par une tyrannie inhumaine.

Ouï sans doute, il est quelquefois
permis de reformer l'Etat, mais il faut
pour cela être apellé au gouvernement
par ceux qui ont l'autorité legitime ;
quelque talent qu'ait un particulier il
feroit plus de mal en renversant la subordination, qu'il ne feroit de bien par
toutes les sages reformes qu'il pourroit
faire. Nulle reforme ne peut être utile que celle qui part d'une autorité

H

legitime. Il ne faut pas croire cependant
qu'il n'y aye dez cette vie une justice
contre les méchans Princes. Quand les
Souverains s'accoûtument à ne connoître d'autres Loix que leurs volontez
absoluës, ils sappent le fondement
de leur autorité. Il viendra une révo-
lution soudaine & violente qui sous le
prétexte de ramener dans son cours naturel cette puissance debordée, souvent l'abbatra sans ressource. Le peuple se revoltera tôt ou tard, & Dieu
se servira de sa fureur comme d'un
instrument de sa justice pour punir les
méchans Princes. Mais ces dereglemens funestes que Dieu ne fait que permettre, seront-ils la regle fixe & constante des sages & des bons citoyens.
D'un côté les Monarques doivent sçavoir que le despotisme arbitraire & tyrannique entrainera inévitablement la
ruïne de leur pouvoir. D'un autre côté
té les Sujets doivent reconnoître que
c'est le devoir de tout bon citoyen
de souffrir plûtôt que de se revolter,
quand il ne peut pas empê her l'abus
de l'autorité souveraine sans courir risque de renverser toute subordination.

& de reduire tout à l'Anarchie par la rebellion.

Il est vray que dans tout gouverne ment soit Republique, soit Royaume tant absolu que limité, hereditaire qu'électif, il doit toûjours être permis de représenter les griefs de la nation dans le cas d'une oppreffion univerfel le qui menace de ruine la Republique. Il doit être permis par la Loi naturel le d'expofer l'état du peuple à leur pere commun qui étant affiegé par fes Cour tifans artificieux ne peut pas toûjours connoître exactement le détail, & tou tes les circonftances de ce qui regarde l'interét de la Nation, ni voir par fes propres yeux tous les maux qui l'acca blent. C'eft pour cela que l'Empereur Conftantin fir cette admirable Loi, (a) *fi quelqu'un dit-il de quelque lieu, de quel que ordre, de quelque dignité qu'il foit, peut prouver que quelqu'un de mes Juges, de mes confidens, de mes amis, ou de mes courtifans ait agi injuftement, qu'il me vienne trouver fans crainte & en toute fû reté, qu'il me demande hardiment, je l'é couteray moi-même, j'examinerai l'af-*

faire, je me vengerai de celui qui m'a trompé par une fausse apparence de Justice, & je comblerai de biens & de dignitez celui qui m'aura decouvert ces trompeurs.

Il n'est jamais au dessous de la Majesté souveraine d'écouter les plaintes respectueuses de son peuple, de juger entr'eux & ses ministres injustes. Il est le pere du peuple. Ce n'est pas violer le droit paternel que de lui remontrer ce qu'il ne peut pas toûjours apprendre par lui-même. *Il n'y a point d'autre remede,* dit un illustre Magistrat du siécle passé, *quand l'affection des Sujets est alienée d'un Prince, que de convoquer les Etats generaux d'un Royaume selon la coûtume en France. C'est dans ce Tribunal seul qu'on peut écouter & satisfaire aux plaintes de toute une Nation. Dans ces assemblées publiques, les Sujets entrent en conference avec leur Prince, lui exposent leur griefs, & se soumettent ensuite sans murmure à porter avec patience & soumission le joug non pas du Roi, mais de la Nation accablée sous le poids de ses besoins.*

Hist. de M. de Thou, lib. 25.

Qu'on ne se plaigne donc pas si facilement des Princes ; ils sont souvent de bonne foi dans leurs demarches les plus injustes, mais étant trompez & assiegez par leurs ministres, ils ne peuvent decouvrir la verité. Qu'on s'accuse soi-même de ce qu'on n'a pas le courage de dire la verité aux Souuerains. L'amour de la Patrie est presque éteint, chacun ne songe qu'à soi ; & si l'on peut s'aggrandir soi-même, l'on ne se soucie pas que les autres souffrent. Les Etats perissent plûtôt parce qu'il y a peu de bons Citoyens, que parce qu'il y a souvent de mauvais souverains.

On ne doit jamais prendre les armes contre les Souverains legitimes. Nous l'avons vû. Quelques bonnes que soient les intentions des sujets ; quelques grandes que soient les extremitez où ils sont reduits, le remede est toûjours fatal parce qu'il ouvre la porte à des desordres encore plus funestes que ceux dont on voudroit se delivrer. Mais s'il n'est jamais permis de prendre les armes, combien est plus monstrueux de s'en servir contre la personne même du Roi. Quand il seroit permis de se tenir sur la defensive pour

empêcher les abus de son autorité. Il
seroit toûjours pernicieux de se servir de ce violent remede à autre dessein que pour écarter du Trône les
Ministres laches & empoisonneurs qui
corrompent les Princes, & pour avoir
un libre accés auprés de la Sacrée Personne du Roi, afin de l'instruire de
l'état de la Nation. *Si-tôt que les* sujets en approchent, ils ne peuvent
que lui representer leurs griefs, lui
marquer avec respect que la necessité
qui n'a aucune Loi les a obligez de
s'addresser à lui-même, il faut qu'ils
se tiennent au pied du Trône, il n'est
pas permis de monter plus haut. Ils
n'ont aucun droit de juger ni de punir le Pere de la Patrie. Il a fait des fautes, Il a été entrainé par ses propres
passions, ou par celles de ses courti-
sans; mais c'est toûjours un Pere, le
depositaire de l'autorité divine, la
source de l'ordre & de la subordination. Ses crimes ne donnent aucun
droit sur sa vie. La souveraineté étant
exposée à beaucoup de haines, à des
tentations violentes, à des bevûës souvent involontaires, qui ont des consequences affreuses que les souverains

ne prevoyent point, il faut munir
leurs personnes d'une sureté particuliere. C'est le sentiment unanime de toutes les nations. David étoit touché de
repentir d'avoir perdu le respect à l'é-
gard du vétément du Roi. Les Esse-
niens regardoient les Rois comme Saints
& Sacrez. Selon Quinte-Curce, *les Peu-*
ples qui vivent sous les Rois ont la même
veneration pour le Nom Royal que pour
une Divinité. Artaban Persan disoit que
la meilleure de toutes les Loix est celle qui
ordonne d'honorer & de reverer le Roi
comme l'Image de Dieu conservateur de
toutes choses. Et Plutarque sur Agis dit
que c'est une action impie d'attenter sur
la personne du Roi, quelles qu'ayent été ses
fautes. Tant il est vrai que selon l'aveu
de toutes les Nations, les personnes
des Rois doivent être inviolables. C'est
ainsi qu'il faut supporter avec modé-
ration & respect le Pere commun de
la Patrie dans ses fautes. C'est ainsi
qu'il faut tacher d'adoucir la fureur des
Tyrans, sans nous rendre Tyrans à
nôtre tour, en manquant à ce que
nous devons. Ils ne meritent aucun me-
nagement, mais l'autorité divine dont
ils sont les depositaires, & la necessité

absoluë de regarder cette Autorité co
me inviolable pour l'amour même de
la Patrie doivent nous faire respecter
le pouvoirqui reside en eux. S'il est
jamais permis de déposer & de punir
les souverains, vous fournissez un
pretexte aux ambitieux de renverser
quand ils le peuvent l'Autorité Royale, vous exposez toutes sortes de gouvernemens à des revolutions subites,
& vous livrez souvent les meilleurs
Princes à la rage d'une Populace.

Je ne parle point du cas d'un delire
manifeste, quand un souverain tuë ses
sujets pour se divertir comme ce Roi
de Pegu qui par l'instigation de ses Ma-
giciens defendit à ses sujets de cultiver
la terre. De sorte que le peuple fut
reduit par la famine à se manger les
uns les autres. Dans le cas de folie evi-
dente il ne faut pas des Juges superieurs
pour deposer les Princes, une consul-
tation de Medecins suffit pour engager
le Corps de la Nation à lier les mains
à un tel Souverain comme on feroit à
un pere frenetique. Mais dans ces cas
même il faut conserver un respect inviolable pour la personne du Prince.

Si les sujets suivoient cette conduite avec leurs Princes, on préviendroit les trois grands maux qui causent la ruine des Etats. L'oppression totale & absoluë du Peuple, l'assassinat sacrilege & impie des Souverains, & les usurpations injustes.

Ce que nous venons d'avancer sur le respect dû aux Souverains ne se borne point à la Royauté toute seule, comme si nous en étions idolâtres. La conspiration de Catilina contre le Senat Romain n'étoit pas moins criminelle que celle de Cromwel contre Charles Premier d'Angleterre. Tous les Etats de quelque espece que soit leur gouvernement ont un interêt puissant de favoriser les Principes d'obeïssance que nous venons d'établir. Nôtre dessein n'est pas de mépriser aucune forme de gouvernement legitime, mais de les faire respecter toutes comme sacrées & inviolables, & d'inspirer l'amour de la paix & de la soumission aux Puissances civiles, comme étant les vertus non seulement des bons Citoyens, mais des bons chrétiens. C'est ce que nous allons faire voir.

CHAPITRE X.

Des idées que l'Ecriture Sainte nous donne de la Politique.

LEs Amateurs de l'independance en formant leur système, semblent n'avoir consulté que les sentimens bas & rampans de l'amour propre. Ils font l'homme sa fin à lui-même, un être independant & separé de tous les autres, qui n'est sociable qu'à cause de son indigence. Il seroit inutile de leur parler des idées sublimes que nous donnent les Oracles sacrés, si contraires à leurs faux raisonnemens, nous les prions de ne point lire ce qui suit. Il n'est destiné que pour les esprits justes & les cœurs droits, qui sont capables de consulter ces livres divins avec veneration & docilité.

L'Ecriture Sainte nous represente le Genre humain comme une grande famille dont Dieu est le Pere commun. Tous les hommes sont nés pour le connoître & l'aimer, tous sont créés à son image & ressemblance,

tous font capables de la même perfection, tous font deftinés pour le
même bonheur. Nous fommes donc
tous liés les uns avec les autres par
nôtre raport commun au Pere des
efprits, & obligés de nous aimer, de
nous fecourir de chercher mutuellement nôtre bien commun, comme
freres, comme enfans, comme images d'un même Pere. Aimer Dieu
pour lui même, & les hommes pour
Dieu eft l'effentiel de la Loi de Moï-
fe, & de celle de nôtre grand Legiflateur JESUS-CHRIST.

Nous fommes freres non feulement
parceque nos Efprits fortent tous d'u-
ne même origine, mais encore parceque nos Corps font defcendus de la
même tige. Dieu a fait fortir tous les
hommes qui doivent couvrir la face
de la terre d'un feul. C'eft là l'image
de la paternité de Dieu. Ce qui fe
fait dans l'ordre des intelligences eft
vivement reprefenté par ce qui fe fait
dans l'ordre des Corps. Tous viennent
d'une même origine. Tous font membres d'une même famille : Tous font
enfans d'un même pere. Il n'eft pas
permis à l'homme de fe regarder com-

me independant & detaché des autres.
Il ne peut pas se faire lafin & le centre de son amour sans renverser la Loi
de sa creation., de sa filiation, de sa
fraternité. Il doit se rapporter tout entier à la grande famille, & non pas
rapporter la famille entiere à lui même.

La societé humaine est donc appu-
yée sur ces fondemens inebranlables.
Un même Dieu, un même objet, un
même bonheur, une même origine
nous rend tous sociables antecedemment à toute indigence, & à tout contrat.

Si les hommes avoient suivi cette
grande Loi de la charité, on n'auroit
pas eu besoin de Loix positives ni de
Magistrats. Tous les biens de la terre
auroient été communs. Dieu dit à tous
les hommes, *croissez multipliez, &
remplissez la terre.* Il leur donne à tous
indistinctement toutes les herbes &
tous les bois qui y croissent. Selon ce
droit primitif de la nature nul n'a
droit particulier sur quoi que ce soit
qu'autant qu'il est necessaire pour la
subsistance. Mais le premier homme

Gen. 1. 28.

s'étant

s'étant separé de Dieu sema la division
dans la famille. L'homme quitte la Loi
de la raison, s'abandonne à ses paffions, & son amour propre le rend in-
sociable. Il n'est plus occupé que de lui
même, & ne songe aux autres que pour
son interêt propre. Le langage de Caïn
se répand par tout. *Est-ce à moi de*
garder mon Frere : La Philantropie
se perd, tout est en proye au plus
fort.

Il semble que Dieu ait affecté de
conserver parmi les hommes l'unité
de leur origine pour les engager à
l'amour fraternel, car aprés qu'ils s'é-
toient reduits par leurs passions à cet
état dénaturé, où chacun veut être
independant, Dieu détruit tous les
hommes excepté Noë & sa famille,
afin qu'une seconde fois ils pussent se
regarder comme les enfans d'un même Peres. La famille de Noë divisée
en trois branches s'est encore subdi-
visée en des Nations innombrables,
de celles-là, dit, Moïse, *sont sorties*
les Nations chacune selon sa contrée & sa
langue. C'est ainsi selon le témoignage de l'Histoire sacrée, que les soci-
tés civiles se sont formées d'abord

I

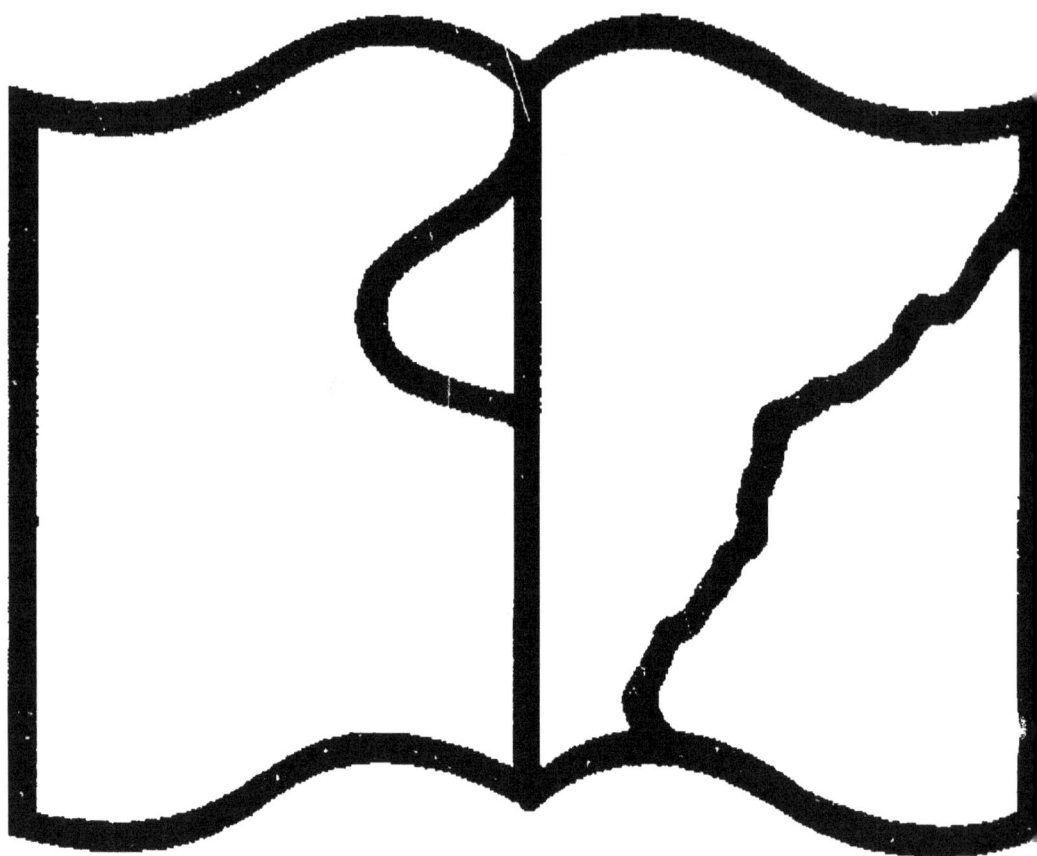

Texte détérioré — reliure défectueuse

NF Z 43-120-11

par la multiplication d'un tronc en plufieurs branches, &non pas par la reunion de plufieurs membres independans & libres. La premiere idée du commandement vient fans doute de l'autorité paternelle. Les premiers hommes vivoient à la Campagne dans la fimplicité ayant pour Loi la volonté de leur parens. Telle fut encore aprés le Deluge la conduite de plufieurs familles fur tout parmi les enfans de Sem, où fe conferverent plus long temps les anciennes Traditions fur la Religion, & fur la maniere du Gouvernement. Ainfi Abraham, Ifaac, & Jacob perfifterent dans l'obfervance d'une vie fimple & paftorale, ils étoient avec leurs familles libres & independans. Ils traitoient d'égal avec les Rois. Ils faifoient la guerre de leur chef, exerçoient toutes les autres part de la Souveraineté. Ce n'eft pas que je veuille nier qu'il n'y ait eû de tres-bonne heure d'autres fortes de Gouvernemens que l'Empire paternel. Plufieurs ont pû violer les Loix de la fraternité, & s'uniffant enfemble bâtir des Villes, faire des conquêtes,

& établir des formes de Gouvernement differentes.

Mais quelle que fut la maniere dont
elles s'établirent, l'Ecriture Sainte,
nous eleve fans cesse à la Divinité
même, pour y chercher la veritable
source de la Souveraineté. Ces oracles sacrés nous enseignent que la
puissance suprême n'émane que de
Dieu seul.. Toutes les voyes par lesquelles les hommes y parviennent,
soit par le droit paternel, le droit hereditaire, le droit d'élection, ou le
droit de conquête, tous ces moyens
dis-je, ne sont que les causes occasio-
nelles comme parle la Philosophie
moderne. C'est Dieu seul qui depose
l'un & éleve l'autre. C'est lui qui par
sa providence souveraine & universelle influë sur tous les conseils des
hommes, fait avorter ou reüssir leurs
entreprises, selon ses desseins éternels,
sages & équitables.

C'est pour cela que ces livres
divins nous representent toujours le
monde entier comme un Royaume
gouverné par Dieu seul, qui donne
aux Nations des Maîtres bons ou
mauvais pour être les Ministres de sa

justice ou de sa misericorde. (*a*) Abia dit aux Israëlites. *Pensez-vous pouvoir resister au Royaume du Seigneur qu'il possede par les descendans de David ? Ne savez vous pas que le Seigneur le Dieu d'Israël a donné à David, & à ses enfans la souveraineté pour toûjours ?* Et afin qu'on ne croye pas que cela soit particulier aux Israëlites d'avoir des Rois établis de Dieu, voici ce qu'en dit (*b*) l'Eclesiastique *Dieu donne à chaque peuple son gouverneur & Israël lui est manifestement reservé.*

Les Rois sont appellés par tout les Oints du Seigneur, non seulement les Rois des Israëlites qu'il faisoit oindre comme ses Pontifes ; mais des Payens même. Voici ce que dit le Seigneur à Cyrus *mon Oint, que j'ai pris par la main pour lui assujettir tous les Peuples.* Les paroles de l'auteur du Livre de la Sagesse, sont encore belles. *Ecoutez, ô Rois, comprenez, apprenez Juges de la terre, prêtez l'oreille, O vous qui tenez le Peuple sous vôtre empire, c'est Dieu qui vous a donné la puissance, vôtre autorité vient du Tres-Haut,*

qui interrogera vos œuvres , & penêtre-
ra le fond de vos penſées , parcequ'étant
les miniſtres de ſon Royaume vous n'a-
vez pas bien jugé.

(a) Saint Paul nous enſeigne la même
doctrine , *Que toute ame , dit-il , ſoit*
ſoumiſe aux Puiſſance ſuperieures. Car il
n'y a point de puiſſances qui ne ſoit de
Dieu , & toutes celles qui ſont , c'eſt
Dieu qui les a établies ; ainſi qui reſiſte
à la puiſſance reſiſte à l'ordre de Dieu.
Le Prince eſt le Miniſtre de Dieu ,
& ſon Lieutenant ſur la terre à qui eſt
donné le glaive.

Les Partiſans d'un Roi de providence croyent que ce texte de St.
Paul favoriſe leur ſentiment. (a) *Toutes*
les Puiſſances qui ſont , c'eſt Dieu qui
les a établies ; Donc diſent-ils, un Roi
de fait eſt Roi de droit. Mais y a t'il
rien de plus outré que de faire faire à
l'Apôtre une redite abſolument ſuper-
fluë pour enſeigner aux hommes que
Dieu aprouve les injuſtices les plus
énormes. L'Apôtre a deja dit qu'il
n'y a point de puiſſance qui ne ſoit
de Dieu. Le reſte eſt une repetition
inutile ſi les paroles qui ſuivent n'ont

a Rom, 13, 1. 2.

point d'autre signification. Nous
avons deja demontré que le droit de
proprieté & le droit de Souveraineté
sont fondez sur les mêmes principes ?
Si la possession injuste donne le droit
à l'un, elle le donne à l'autre. Voila
le chemin ouvert à toute sorte de vols,
& de violences. Peut-on soûtenir une
semblable explication ? Le vrai sens
de ces paroles ne peut être que celui-
cy. Obéïssez aux Puissances supérieu-
res, parce que leur autorité derive de
Dieu. Obéïssez aussi aux Empereurs
Romains qui gouvernent actuellement, car leur autorité est legitime.

  Afin que les amateurs de l'independance ne disent pas que c'est la seule
crainte qui est le fondement de la soumission aux puissances civiles, l'A-
pôtre ajoûte, (a) *il est donc necessaire que*
vous soyez soûmis au Prince, non seu-
lement par la crainte de sa colére, mais
encore par l'obligation de vôtre conscience.
Et dans un autre endroit, (b) *il faut le*
servir non à l'œil pour plaire aux hom-
mes, mais avec bonne volonté, avec
crainte, avec respect, & d'un cœur since-
re comme à Jesus-Christ.

a 1. bid. 16. 5.   b Eph. 6 5. 6.

(a) Un autre Apôtre confirme la même doctrine *soyez donc soumis pour l'amour de Dieu à l'ordre qui est établi parmi les hommes ; soyez soumis au Roi comme à celui qui a la puissance suprême, & à ceux à qui il donne son autorité.*

La Souveraineté ne derivant que de Dieu seul c'est une suite necessaire que le peuple n'a aucun droit sur la personne des Princes, de les juger, de les deposer, & de les punir. Les abus qu'ils font de leur autorité ne donnent point de droit de l'anéantir.

Quand le peuple d'Israël demande un Roi comme les autres Nations, Samuël leur declare quelle sera l'étenduë de sa puissance sans pouvoir être restrainte par aucun autre pouvoir superieur sur terre. *Voici le droit du Roi qui regnera sur vous*, dit le Seigneur. *Il prendra vos enfans & les mettra à son service, il se saisira de vos terres, & de ce que vous aurez de meilleur pour le donner à ses serviteurs*, &c. Est-ce que les Rois auront droit de faire tout cela licitement ? à Dieu ne plaise. Dieu ne donne jamais le

a. 1. Pet. 2. 13.   b. 1. Reg. 8. 9.

pouvoir de faire le mal, & de violer la Loi naturelle. Mais tels sont
les inconveniens de la Royauté il
faut que le peuple les subisse. Dieu
annonce ici ce qu'ils feront, sans pouvoir être punis par la justice humaine. Saül avoit violé ce que les Republicains appellent contrat originaire entre le peuple & le Prince. Il
cherchoit sans raison à détruire un
innocent à qui Dieu avoit donné même la Royauté. Voyez cependant le
respect sacré que David témoigne pour
la personne de Saül quand ses gens le
pressent de s'en defaire. _Dieu soit à mon_
secours, dit-il, _qu'il ne m'arrive pas de_
mettre ma main sur mon Maître, l'Oint
du Seigneur. Son cœur fut même saisi
parce qu'il avoit coupé le bord du man-
teau de Saül.

(a) _La parole du Roi est puissante_, dit l'Ec-
clésiastique, _& personne ne lui peut dire_
pourquoi faites vous ainsi. Obéissez à vos
maîtres, dit l'Apôtre, _non seulement à_
ceux qui sont bons & moderez, mais en-
core à ceux qui sont facheux & injustes.
Il est vrai que les Rois ne sont que des
hommes foibles & quelque fois mepri-

a _Ch. 8. 2, 3._

ſables par leurs qualicez perſonnelles,
mais leur caractére eſt auguſte, ſacré
& inviolable. Ce ne ſont que des Sta-
tuës, des Images, des Hieroglyphes;
mais des Hieroglyphes de la Majeſté
Souveraine qui ſont reſpectables à cauſe de celui qu'ils repreſentent. C'eſt lui
qui donne à chaque Statuë ſa place,
& qui les arrange les unes au deſſus des
autres ſelon differens. degrés. Il ſe re-
ſerve à lui ſeul le droit de briſer dans
ſa fureur la Statuë qui tient la premiere place, quand elle ne repond point à
ſes deſſeins adorables. Telle eſt la Doctrine de l'Ecriture Sainte ſur la Royauté. Vaïons en la pratique.

(a) *Parmi le peuple Hébreu qui a en*
tant de Rois qui ont foulé aux pieds les
Loix humaines & divines, il ne s'eſt ja-
mais trouvé de Magiſtrat inferieur qui
ſe ſoit attribué le droit de reſiſter & de
prendre les armes contre leur Roi; à moins
que quelques-uns d'eux n'en euſſent reçû
un ordre Expres de Dieu, qui a un droi
ſouverain ſur les tétes Couronnées.

C'eſt cette inſpiration extraordinaire
qui juſtifie la conduite des Maccabées.
Car autrement ç'auroit été une revolte

a *Grot. lib.* 1. *ch.* 4.

formelle. Mais on ne doit pas imiter un tel exemple, à moins qu'on ne dise que le vol est permis, parceque Dieu defendit aux Israëlites de rendre ce qu'ils avoient emprunté des Egyptiens.

(A) De plus l'accomplissement de l'ancienne Alliance étoit attaché à la terre de Canaan, au sang d'Abraham, & à ses enfans selon la chair. Consentir à la perte totale de la race d'Aaron étoit renoncer à l'accomplissement des promesses, à l'Alliance, & au Sacerdoce. Le parti que prirent les Maccabées étoit donc une nécessité absoluë & une suite indispensable des promesses, & néanmoins ils ne sont venus à ce fatal remede qu'une seule fois, & après une declaration manifeste de la volonté de Dieu.

David se defend de l'opression ; mais c'est en fuïant ; sans mettre le trouble dans la Patrie, & sans violer le respect dû à la personne de son Roi quand il l'a entre ses mains.

Roboam traita durement le peuple, mais la revolte de Jeroboam, & des dix Tribus quoique permise pour la punition des pechés de Salo-

a Mr. de Meaux. avert. 5. contre Jurieu.

mon , eſt deteſtée dans toute l'Ecriture , qui declare (*a*) *que les Tribus en ſe revoltant contre la maiſon de David ſe revoltent contre Dieu , qui regnoit en elle.*

Tous les Prophêtes qui ont vêcu ſous les mechans Rois , Elie & Eliſée ſous Achab & ſous Jeſabel, Iſaïe , ſous Achas & ſous Manaſſez. Jeremie ſous Joachim , ſous Jeconias & ſous Sedecias n'ont jamais manqué à l'obéïſſance , ni inſpiré la revolte, mais tôûjours la ſoûmiſſion & le reſpect. Selon le terme precis de la Loi, les Idolâtres , ou ceux qui forçoient le peuple à l'Idolâtrie devoient être punis de mort ; cependant comme remarque fort bien (*b*) un ſçavant Prelat *ni les grands , ni les petits , ni tout le peuple , ni les Prophêtes qui parloient ſi puïßamment aux Rois les plus redoutables , ne leur reprochoient jamais la la peine de mort qu'ils avoient encouruë ſelon la Loi. pourquoi ? Si ce n'eſt qu'on entendoit qu'il y avoit dans toutes les loix ſelon ce qu'elles avoient de penal, une tacite exception en faveur des Rois. Qu'on croyoit n'être reſponſables qu'à*

a 2 Paral : 13. 5. 6.
b Mr. de Meaux. Avertiſ. Contre Juriee.

Dieu seul de l'abus de leur autorité.

Nabuchodonosor étoit impie jusqu'à vouloir s'égaler à Dieu & jusqu'à faire mourir ceux qui lui refusoient un culte sacrilége, neanmoins Daniel lui parla ainsi *Vous êtes le Roi des Rois & le Dieu du Ciel vous a donné le Royaume, & la puissance, & l'Empire & la gloire.*

Cette Doctrine est continuée dans la Religion Chrêtienne, c'étoit sous Tibere non seulement infidele, mais encore méchant, que nôtre Seigneur dit aux Juifs, *rendez à Cesar ce qui est à Cesar.*

Saint Paul fait prier pour les Empereurs quoique l'Empereur qui regnoit alors fut Neron, un vrai monstre de l'humanité, le plus impie de tous les hommes.

Les premiers Chrêtiens suivoient cette Doctrine Apostolique. Tertullien dit (a) *Nous regardons dans les Empereurs le choix & le Jugement de Dieu, qui leur a donné le commandement sur tout le peuple. Nous respectons ce que Dieu y a mis. Que dirai-je davantage de nôtre picté pour l'Empereur que nous*

(a) *Tert. Apol.*

de

devons respecter comme celui que nôtre Dieu a choisi. Il appelle le respect dû aux Rois, *la Religion de la seconde Majesté*, insinuant que l'autorité Royale est un écoulement de l'autorité divine. Dans la même Apologie il dit, (a) *Outre les ordres publics par les quels nous sommes poursuivis, combien de fois le peuple nous attaque-t-il à coup de pierres, & me t-il le feu dans nos maisons, dans la fureur des Baccanales, Et cependant quelle vengeance recevez-vous de gens si cruellement traités ? Ne pourrions nous pas avec peu de flambeaux mettre le feu dans la Ville si parmi nous il étoit permis de faire le mal pour le mal ? Quand nous voudrions agir en ennemis declarez, manquerions nous de troupes & d'armées ? Les Marcomans & les Parthes, même se trouveront, ils en plus grand nombre que nous qui remplissons toute la terre, il n'y a que peu de temps que nous paroissons dans le monde & déja nous remplissons vos Villes, vos Isles vos Châteaux, vos Camps, vos Assemblées, les Tribus, les Decuries, le Palais, le Senat, le*

a *Tertull. Apol,*

K

Barreau, la Place publique. Nous ne
vous laissons que les Temples seuls. A
quelle guerre ne serions nous pas expo-
sez, quand nous serions d'un nombre iné-
gal au vôtre, nous qui endurons si re-
solument la mort, n'étoit que nôtre Doc-
trine nous prescrit plûtôt de souffrir la
mort que de la donner.

(a) St. Cyprien suit son Maitre en
cela & se declare ouvertement en
ces termes : *D'où vient que personne de*
nous ne resiste quand il est pris, d'où
vient que les nôtres quoiqu'ils vous sur-
passent de beaucoup en nombre ne se
vengent point de vos injustes persecutions?
L'assurance qu'ils ont de la vengeance
qui doit arriver un jour leur donne
cette patience. Elle fait que des Inno-
cens cedent à des coupables.

(b) Saint Augustin confirme la même
Doctrine par l'exemple des anciens
Chrêtiens. *Alors la Cité de Dieu,*
dit-il, quoi qu'elle fût repandue par
toute la terre, & qu'elle eût un si grand
nombre de peuples à opposer à ses perse-
cuteurs inexorables n'a jamais pourtant
combattû pour le salut temporel, ou

a Epist. ad Demetrianum,
De Civit. Dei. Lib. 22.

plûtôt elle n'a jamais resisté afin d'acquerir le salut eternel. On les lioit, on les enfermoit, on les mettoit à la torture on les brûloit, on les dechiroit, on les egorgeoit, & tout cela ensemble ne servoit qu'à en augmenter le nombre. Ils ne se mettoient point en devoir de combattre pour defendre leur vie, mais ils la méprisoient pour se sauver.

Mais l'exemple le plus celebre de la patience & de la non resistance des premiers Chrêtiens est celui de la Legion Thebaine. Elle étoit de 6666. Soldats tous Chrêtiens. Comme l'Empereur Maximien ordonna à l'Armée prés de Martigni en Savoye, de sacrifier aux faux Dieux ; Les Soldats Chrêtiens prirent d'abord le chemin d'Agaune en Suisse. L'Empereur y envoya un ordre exprés pour les faire venir sacrifier. Ils refuserent d'obéïr, il les fit decimer, & passer la dixième partie par les armes, ce que les gardes executerent sans qu'aucun des Chrêtiens resistât.

Rien n'est plus beau ni plus grand. que ce que dit à ses Soldats Maurice premier Tribun de cette Legion ; *Que*

J'ai eû peur, chers compagnons, que quelqu'un de vous sous pretexte de se defendre ne se mit en état de repousser par
la violence une mort si heureuse. J'étois
déja sur le point de faire pour vous en
empêcher ce que fit Jesus-Christ nôtre
Maître lorsqu'il commanda de sa propre
bouche à St. Pierre de remettre dans
le fourreau l'épée qu'il avoit à la main,
nous aprenant que la vertu d'abandon
& de la confiance Chrêtienne est bien
plus puissante que toutes les armes &
que personne ne doit s'opposer avec des
mains mortelles à une entreprise mor-
telle.

Exupere Enseigne de la Legion tint
à peu prés le même discours aux Soldats. Vous me voyez, braves Compagnons porter l'Etendart des troupes de
la terre, mais ce n'est pas à ces sortes
d'armes que je veux avoir recours. Ce
n'est pas à cette sorte de guerre que je
veux animer vôtre courage & vôtre
vertu, vous devez choisir un autre genre
de combat, car vous ne pouvez pas aller par ces épées au Royaume du Ciel.

Tels sont les sentimens de tous les
grands hommes de l'ancienne & de

a St. Euches Evêque de Lion.

la nouvelle Loi. Telle a été la Doctrine des Prophêtes & des Apôtres,
telle enfin fut la conduite de tous
les Heros du Chriſtianiſme dans les
premiers ſiecles. Durant ſept cens ans
apres Jesus-Christ, on ne
voit pas un ſeul exemple de revolte
contre les Empereurs ſous pretexte
de Religion.

Il y a donc une conformité parfaite
entre les lumieres des S S. Ecritures,
& les idées que nous propoſons ſur la
Politique.

ESSAY
DE
POLITIQUE
SECONDE PARTIE.

CHAPITRE I.

Des parties de la Souveraineté, de son Etenduë, & de ses bornes.

APres avoir vû la necessité & l'origine d'une autorité souveraine parmi les hommes, examinons qu'elles sont ses bornes, son étenduë, & les differentes formes.

L'Autorité Souveraine suppose un pouvoir d'empêcher les desordres, & les violences soit du dehors, soit du dedans, qui pourroient detruire la Societé. Pour parvenir à cette fin il faut que le Souverain ait,

1°. Le Droit de marquer aux Sujets des regles constantes & generales de conduite, par les quelles chacun soit instruit de ce qu'il doit faire ou ne pas faire pour conserver la paix de l'Etat, & ce qu'il doit souffrir s'il manque à l'observation de ces Loix. C'est ce que les Politiques appellent *le pouvoir legislatif.*

2°. Il ne suffit pas de prevenir les maux interieurs du grand corps Politique, mais il faut aussi le deffendre contre les violences qui viennent du dehors, par un pouvoir d'armer les Citoyens contre tous ceux qui veulent les attaquer, c'est ce qu'on appelle *le pouvoir de faire la guerre & la paix.*

3°. Les besoins de l'Etat demandent necessairement des frais considerables soit dans le tems de guerre, soit dans le tems de paix. Il faut que les Souverains ayent pouvoir de lever des impôts & d'obliger les Citoyens de contribuër ce qui est necessaire pour satisfaire à ces besoins.

Par ces differentes prerogatives les Souverains acquierent trois sortes de Droits sur les sujets. Droits sur leurs *actions,* Droits sur leurs *personnes.* Droits

'eux, pour les punir, mais ils ont en
out tems une Loi au deſſus d'eux pour
s regler. *De qui eſt ce, (a) dit Plutarque*
ne peut dependre le Prince ? Je reponds,
qu'il eſt ſoûmis à cette Loi vivante que
Pindare appelle, le Roi des mortels & des
immortels ; laquelle n'eſt pas écrite dans
les livres, ou ſur des planches ; puiſqu'el-
n'eſt autre choſe que la raiſon qui habite
toûjours au dedans de lui qui l'obſerve in-
ceſſamment : & qui ne laiße jamais ſon
ame dans l'independance. De là il ſuit
1°. Que les Souverains n'ont aucun
droit ſur les actions des Sujets qu'autant qu'elles regardent le bien public
de la ſocieté, & l'avantage de l'état.
Ils n'ont aucun droit ſur la liberté de
l'eſprit, ou de la volonté des Citoyens, leur pouvoir ne s'étend qu'aux
actions exterieures. Nul Souverain ne
ne peut, par exemple exiger la croyan-
ce interieure de ſes Sujets ſur la Religion. Il peut empêcher l'exercice public, ou la profeſſion ouverte de certaines formules, opinions, ou ceremonies qui troubleroient la paix de la
Republique par la diverſité & la multiplicité de ſectes. Mais ſon autorité

fur leurs *biens.* Mais Dieu de qui l'autorité fouveraine emane, ne donne
pas ce pouvoir pour que ceux qui
en font revêtus en ufent felon leur
fantaifie. Il a eu une fin en confiant à
l'homme une autorité fi étenduë. Cette fin eft la regle & la Loi fuprême
felon laquelle il faut ufer de ces droits.
Et cette Loi ne peut être que le bien
public. La regle pour juger du vice
& de la vertu eft la même dans la Politique & dans la Morale, dans les focietés entieres, comme dans chaque
individû. L'homme eft toûjours criminel, quand il agit par une volonté
propre qui ne fe rapporte qu'à lui-même. Il eft toûjours vertueux quand fa
volonté fe regle par l'amour du bien
univerfel, du bien en foi, de ce qui
eft bien pour tous les Etres raifonnables. De même dans la Politique les
Souverains ne péchent jamais, quand
ils n'ont d'autre Loi que le bien public,
mais tout Souverain qui agit uniquement pour fes interêts propres & qui
ne confulte que fon jugement particulier, fans égard au bien commun de
la fociété, eft un Tyran. Les Souverains
n'ont point de juges fur terre au deffus

ne va pas plus loin. C'est aux Puissances Ecclesiastiques établies par Dieu pour instruire les nations qu'il appartient de montrer par la voye de persuasion que la souveraine raison a ajoûté à la Loi naturelle, une Loi surnaturelle, & on doit laisser les Sujets dans une parfaite liberté d'examiner, chacun pour soi, l'autorité & les motifs de credibilité de cette revelation. *La Religion vient de Dieu*, comme dit un Auteur celebre, *elle est au dessus des Rois. Si les Rois se mêlent de la Religion, au lieu de la protéger, ils la mettent en servitude.*

2°. Les Souverains n'ont aucun droit sur les personnes de leurs Sujets, qu'autant qu'il est nécessaire pour le bien public. La Souveraineté derive immediatement de Dieu. Ses droits ne doivent jamais contrarier les desseins pour lesquels Dieu l'a donnée. Dieu ne la peut donner pour être l'éxecutrice de l'injustice, de la violence, de la cruauté, & de toutes les autres passions brutales & inhumaines des Souverains barbares & ambitieux. Luy seul a droit sur la vie de ses creatures

Telem. dern. Edit. Lib. 23.

Il n'a communiqué ce droit que pour conserver l'ordre & empêcher le violement des Loix. Donc nul Souverain ne doit ôter la vie des Sujets qu'autant que le Sujet est convaincu par les loix mêmes de les avoir violées. Voila ce qu'on appelle la liberté des Sujets qui doit être sacrée & inviolable aux Princes.

3°. Les Souverains n'ont aucun droit sur les biens particuliers du sujet qu'autant que cela est necessaire pour le bien public. Le droit que donne la succession hereditaire ou le travail sont des dons de Dieu, qui a établi l'ordre de la generation de chacun, ou qui lui a donné les talens pour gagner ce qu'il possede par son travail. Renverser ces deux droits, c'est abuser de la souveraineté, & en sapper les fondemens. Le droit hereditaire des terres & le droit hereditaire des Royaumes étant fondez sur les mêmes principes, détruire l'un c'est attaquer l'autre. Voila ce qu'on appelle le droit de proprieté.

Quand le bien public le demande, les Souverains peuvent punir les actions, sacrifier les personnes, se saisir des biens des particuliers; parce que

que la liberté, la conservation & le
bien public de la société doivent être
preferez à la liberté; la conservation
& la proprieté particuliere d'un ou de
plusieurs Sujets. Les Souverains ne
sont que les conservateurs des Loix;
les executeurs de la justice, les Peres
& les Tuteurs du peuple. Toute action
qui n'est pas une suite nécessaire de ces
qualitez est un abus de l'autorité souveraine. Toute Loi faite, toute guerre declarée, tout Impôt levé dans
aucune autre veuë que celle du bien
public, est un violement des droits
essentiels de l'humanité. Tous les hommes étant d'une même espece, membres d'une même République, & d'u-
ne même famille, nulle créature semblable à eux ne peut par aucun droit
soit inherent, soit communiqué, les
priver de leur être, ou de leur bien être,
sans que cela soit nécessaire pour le
bien commun de la société. Mais
comme il faut pour le repos & la conservation de la société qu'il y ait un
juge en dernier ressort de ce que demande le bien public, il faut nécessai-
rément que les dépositaires de l'autorité suprême en decident souveraine-

L

ment, sans quoi, en voulant se garantir contre les abus de l'autorité, on detruiroit tout principe fixe d'autorité, & l'on tomberoit dans l'Anarchie, le plus grand de tous les maux sans comparaison.

Tels sont les droits de la souveraineté nécessaires pour empêcher la ruine de la société. Telles sont les bornes de la souverainetè nécessaires pour empêcher les abus de l'autorité. Pour conserver l'ordre il faut que les hommes soient soûmis à d'autres hommes foibles, faillibles, & sujets à des passions innombrables. Il est donc impossible de choisir aucune forme de gouvernement qui ne soit pas exposée à mille malheurs, & à mille inconveniens. En évitant les maux affreux de l'Anarchie, on court risque de tomber dans l'esclavage, en vivant sans gouvernement, on peut devenir sauvage. En vivant sous le gouvernement on peut devenir esclave. Triste état de l'humanité ; mais sage établissement de la Providence pour nous détacher de la vie, & nous faire aspirer à une autre, où l'homme n'est plus sujet à l'homme, mais à la raison souveraine.

CHAPITRE II.

Des differentes formes de Gouvernement.

LE deffein de tous les fages Ligiſ-lateurs & le but de tous les diffe-rens Syſtemes de Politique a été de re-gler l'autorité fouveraine , de telle forte qu'on évite également ces deux inconveniens. Le pouvoir arbitraire & l'Anarchie, le Defpotiſme des fou-verains ou celui de la Populace.

Les uns ont crû que la fouveraine-té eſt un tréſor trop vaſte pour le con-fier à une feule perſonne , les autres, que c'eſt un depôt trop précieux pour le laiſſer à la difpoſition de la multi-tude. Quelques uns ont penſé qu'il fal-loit que les Chefs du Peuple en fuſſent les Gardiens.

D'autres enfin fe font perfuadés , qu'il faut la partager entre le Roi, les Nobles & le peuple. Voilà la four-ce de toutes les formes de gouverne-ment à qui on a donné les divers noms de *Democratique*, *Ariſtocratique*, *Mo-narchique*, & *Mixte*.

La Democratie ou le gouvernement

populaire n'est pas celui ou chaque particulier a voix deliberative, & un égal pouvoir dans le gouvernement. Nous avons déja demontré que cela est impossible, & absurde. Le Gouvernement populaire est celui où le peuple ne pouvant jamais se gouverner lui-même, se soûmet à un certain nombre de Magistrats, qu'il a le droit de se choisir & de changer, quand il n'est pas content de leur administration.

Le Gouvernement Aristocratique est celui où l'autorité souveraine est confiée à un conseil suprême & permanent de sorte que le Senat seul a le droit de remplacer ses membres, quand ils viennent a manquer par la mort ou autrement.

Le Gouvernement Monarchique est celui ou la souveraineté reside toute entiere dans une seule personne. Dans tout état où le Prince est sujet aux jugemens d'un Conseil & responsable a d'autres de sa conduite, le Gouvernement n'est pas Monarchique, & la Souveraineté ne reside point dans un seul.

Rien n'est plus curieux pour ceux qui voudroient comparer ensemble les inconveniens & les avantages de ces

L ij

trois formes de Gouvernement que ce
que nous lisons dans le pere des historiens Herodote. Il nous raconte ce qui
se passa dans le Conseil de sept Grands
de la Perse, quand il s'agissoit d'éta-
tablir une nouvelle forme de Gouvernement, aprés la mort de Cambyse,
& la punition du Mage qui avoit usur-
pé le Trône sous pretexte d'être Smer-
dis fils de Cyrus.

Otanes opina qu'on fit une Republique de la Perse ; & parla en ces termes : *Je ne suis pas d'avis qu'on mette le*
Gouvernement entre les mains d'un seul,
vous savez jusques à quels excés Cambyse
s'est porté, & jusques à quel point d'in-
solence nous avons vû passer le Mage.
Comment l'Etat peut il être bien gouverné
dans une Monarchie où il est permis à un
seul de faire tout à sa fantaisie ? une au-
torité sans frein corrompt facilement l'hom-
me le plus vertueux & le depouille de
ses meilleures qualités;

L'envie, & l'insolence naissent des
Biens & des prosperitez presentes, & tous
les autres vices decoulent de ces deux là
quand on est maître de toutes choses. Les
Rois haïssent les Gens de bien qui s'oppo-
sent à leurs desseins injustes ; & ils cares-

sent les méchans qui les favorisent. Un seul homme ne peut pas tout voir par ses propres yeux, Il écoute souvent les mauvais rapports, & les fausses accusations... Il renverse les Loix & les Coûtumes du pays, il attaque l'honneur des femmes, il fait mourir les innocens par son caprice & par sa puissance. Quand la multitude a le Gouvernement en main, l'égalité qu'il y a parmi les Citoyens empêche tous ces maux. Les Magistrats y sont élus par le sort, ils y rendent compte de leur administration, & y prennent en commun toutes les résolutions. Je crois que nous devons rejetter la Monarchie : & introduire le gouvernement populaire, parce qu'on trouve plûtôt toutes choses en plusieurs, qu'en un seul.

Ce fut là l'opinion d'Otanes, mais Megabyse parla pour l'Aristocratie.

J'approuve, dit-il, le sentiment d'Otanes, d'exterminer la Monarchie, mais je crois qu'il n'a pas pris le bon chemin, quand il a voulu nous persuader de remettre le Gouvernement à la discretion de la multitude ; car il est certain qu'on ne peut rien imaginer de moins sage & de plus insolent que la Populace. Pourquoi se retirer de la Puissance d'un seul, pour s'abandonner

à la tyrannie d'un peuple aveugle, & de-
reglé, si un Roi fait quelque entreprise, il.
est du moins capable d'écoûter les conseils.
des autres, mais le peuple est un monstre.
aveugle qui n'a ni raison, ni capacité : il
ne connoît ni la bienseance, ni la vertu,
ni ses propres interêts ; il fait toutes choses.
avec precipitation sans jugement ; & sans.
ordre : & ressemble à un torrent qui mar-
che avec impetuosité, & à qui on ne peut
donner de bornes. Si on souhaite donc la
ruine des Perses, qu'on établisse parmi
eux le Gouvernement populaire. Pour moi
je suis d'avis qu'on fasse choix de quelques gens de bien ; & qu'on mette entre
leurs mains le Gouvernement & la Puissance.

Tel étoit le sentiment de Megabyse
Aprés lui Darius parla en ces termes.

Il me semble qu'il y a beaucoup de justice dans le discours qu'a fait Megabyse
contre l'état populaire ; mais il me semble
aussi que toute la raison n'est pas de son
côté, quand il prefere le Gouvernement
d'un petit nombre de personnes à la Monarchie. Il est constant qu'on ne peut rien
imaginer de meilleur & de plus parfait
que le gouvernement d'un homme de bien,
de plus, quand un seul est le maître, il est

plus difficile que les ennemis découvrent les
conseils, & les entreprises secrettes. Quand
le Gouvernement est entre les mains de plusieurs, il est impossible d'empêcher que la
haine & l'inimitié ne prennent naissance
parmi eux ; car comme châcun veut que
son opinion soit suivie, ils deviennent peu
à peu ennemis. L'Emulation & la jalousie
les divisent. Ensuite leur haine se porte jusques dans l'excez. De là naissent les seditions, des seditions les meurtres, & enfin
du meurtre & du sang on voit naître insensiblement un Monarque. Ainsi le Gouvernement tombe toûjours dans les mains
d'un seul. Dans l'Etat populaire il est impossible qu'il n'y ait beaucoup de corruption, & de malice. Il est vray que l'égalité
n'engendre aucune haine ; mais elle fomente
l'amitié entre les méchans, qui se soûtiennent les-uns les autres, jusqu'à ce que quelqu'un qui se sera rendu considerable au
peuple, & qui aura acquis de l'autorité
sur la multitude, decouvre leur trames,
& fasse voir leurs perfidies. Alors cet
Homme se montre veritable Monarque, &
de là on peut reconnoître que la Monarchie est le Gouvernement le plus naturel ;
puisque les seditions de l'Aristocratie, &
les corruptions de la Democratie nous font

revenir également à l'unité de la Puissance suprême.

L'Opinion de Darius fut approuvée & le Gouvernement de la Perse demeura Monarchique.

On peut conclure des Discours de ces Sages de l'antiquité qu'il est bien plus facile de juger des inconveniens de ces differentes formes de Gouvernement que de déterminer laquelle est la meilleure. Elles sont toutes sujettes au même abus de l'autorité souveraine. Cet abus ne se trouve pas seulement dans le Gouvernement d'un seul. Tous les autres en sont également susceptibles. Les Ephores de Sparte, les Decemvirs à Rome, les Suffetes de Cartage n'étoient pas moins cruels & barbares que Neron & Caligula. La Democratie d'Athenes aprés le temps de Lysandre quand les 30. Tyrans, qu'il établit associerent à leur conseil trois mille autres, (a) est une tyrannie qui revolte l'humanité, & un massacre perpetuel des meilleurs Citoyens. Le traitement que la même Republique fit a Miltiade, a Aristide, a Themistocle, a Pericles leurs meilleurs Generaux, & les

(a) *Xenophon de rebus Græcis.*

plus fidelles Citoyens , marque combien le peuple furieux & aveugle, peut être tyrannique.

Les factions, les Caballes , les Brigues , & les Elections rendent souvent & presque toûjours le Gouvernement du Peuple aussi injuste, aussi violent aussi despotique que celui des Monarques les plus arbitraires. Il faut absolument méconnoitre l'Humanité,& ignorer l'Histoire pour ne pas savoir que les Societés entieres sont sujettes aux mêmes , caprices, aux mêmes bevûës , aux mêmes passions que l'on craint du Gouvernement d'un seul. Le Despotisme ne se trouve pas moins dans le Gouvernement populaire que dans les Etats Monarchiques. Mais dans ce premier chacun espere de devenir Tyran à son tour, C'est ce qui flate ses admirateurs. Le Despotisme d'un seul est sans doute un grand mal , mais l'Anarchie en est encore un plus grand.

Plusieurs ont crû que le seul moyen de trouver le milieu entre ces deux extremités étoit le Gouvernement mixte, ou le partage de la Souveraineté entre le Roy, les Nobles , & le peuple , entre un seul, plusieurs , & la multitude, afin que chacune de ces puissances étant balancée par l'autre, elle reste toute dans leurs bornes & dans un juste équilibre.

Tel a été autrefois le Gouvernement de Sparte, de Cartage, & de Rome ; l'Angleterre est à present le Gouvernement de l'Europe qui paroit ressembler le plus à celui de ces trois Republiques anciennes.

Rien ne paroît plus beau dans la Theorie que ce mélange des Puissances, & rien ne seroit plus utile dans la pratique si l'on en pouvoit conserver l'harmonie, & si l'une de ces Puissances n'agissoit jamais independamment de l'autre ; mais ce partage de la Souveraineté, loin de faire un équilibre de Puissances, en cause souvent le combat perpetuel, jusqu'à ce que l'une d'elles ayant abbattu les deux autres, reduise tout au Despotisme ou à l'Anarchie.

Lacedemone, Cartage, Rome & l'Angleterre, où le Gouvernement mixte a prévalu nous en fournissent des exemples éclatans. Examinons les Histoires de ces fameuses Republiques. Cet examen servira en même temps à découvrir les deffauts & les avantages du

Gouvernement Monarchique, Aristocratique, Populaire & Mixte : car on
les trouvera tous dans les differentes
formes qu'ont prises ces Republiques.

CHAPITRE III.

Du Gouvernement de Sparte & de Cartage.

AU commencement Sparte eut
des Roys qui furent absolus.
Cette forme de Gouvernement se conserva jusqu'à *Proclés* & *Euristhene* de la
Race des Heraclides. Depuis ce temps
jusques à Lycurgue, Lacedemone fut
gouvernée par deux Rois. Euricion un
de ces Rois voulant gratifier le Peuple,
affoiblit un peu la Puissance Royale.
De cette indulgence suivit une dissolu-
tion & un desordre affreux qui dura
jusqu'au temps de Lycurgue. Le Peuple devint audacieux & mit souvent à
mort les Rois qui voulurent reprendre
leur ancienne autorité. (a) *Lycurgue*
institua un Senat pour être un contre-poids
salutaire au Corps universel de la Repu-
blique , qui étoit auparavant toûjours en

a Plut. vie de Lycurg.

branle ,

branle , penchant tantôt à la Tyrannie ,
tantoſt à l'Anarchie. Le peuple étoit aſſem-
blé auſſi de temps en temps ; mais il n'a-
voit point voix deliberative.

Cent trente ans aprés la mort de Lycurgue , Theopompe Roi de Sparte
permit aux Deputez du Peuple d'avoir
part au Pouvoir Legiſlatif. Ce Roi crea
cinq Ephores qu'il tira du nombre du
peuple , mais enſuite le peuple s'attribua le droit de les nommer ſelon ſon
plaiſir. Le pouvoir de ces Ephores étoit
d'abord aſſés limité. Ils n'étoient que
des Magiſtrats ſubalternes pour repre-
ſenter les griefs du peuple, qui s'aſſem-
bloit de temps en temps ſelon la Loi
de Lycurgue. Or comme ces aſſemblées
ne pouvoient être que tumultueuſes &
qu'elles expoſoient ſouvent les Rois &
le Senat aux inſultes de la populace ,
Les Ephores faiſoient agréer au peuple,
qui les regardoit comme ſes protecteurs , tout ce que les Rois & le Senat
avoit reſolû. Peu à peu ces Ephores
étendirent leur pouvoir ; de ſorte que
rien ne ſe regloit plus que par leur caprice. Ils ſoûmirent à leur juriſdiction
tous les Magiſtrats. Les Rois étoient
même obligez de répondre devant eux

quand ils les appelloient en Justice. Ils
prononçoient de tout en dernier ressort
sur des Tribunaux qu'Elien appelle des
Trones. Ils eurent encore la disposition
des deniers publics ; & s'attribuerent
seuls le pouvoir de traiter de la paix &
de la guerre. Par ces differents degrez ,
ils s'emparerent peu à peu de l'autorité souveraine & exercerent tant de
cruautez que Platon les appelle de veritables Tyrans. [a] Tel a été le sort
de Sparte aprés que le gouvernement
populaire s'y fut introduit, voyons celui de Cartage.

On prétend que soixante ans avant
la fondation de Rome , cette Ville fut
bâtie par les Tyriens de la Phenicie
sous la conduite de Didon. Comme les
voisins de cette ville la favorisoient ,
que son peuple étoit laborieux , qu'elle
étoit gouvernée par une Reine trés-sa-
ge, elle devint bientôt florissante par
de merveilleux accroissemens. Cette
Reine n'ayant point laissé de Successeur, le Gouvernement devint électif,
ce qu'on peut regarder comme la premiere source de la perte de Cartage.
Car peu à peu par les tumultes , & les

a l. v. 4. de Leg.

divisions qui sont inévitables dans le
temps des Elections, la Ville commença d'être gouvernée par une puissance
mélée de celle des Grands & de celle
du peuple. Le nom de Roi demeura
neanmoins longtemps parmi les Cartaginois. [a] Ces Rois étoient semblables à ceux de Lacedemene, sinon qu'ils
n'étoient point hereditaires. Ils avoient
au dehors la conduite. & l'administration des Guerres, & étoient dans la
Ville les Chefs du Conseil Public. Il y
avoit un Senat composé de trente vieux
Senateurs qui avoient beaucoup de pouvoir & d'autorité; mais on consultoit
le peuple sur les choses les plus importantes,&l'on suivoit son Jugement,
lorsque le Roi & le Senat n'étoient pas
d'accord ensemble. Peu à peu le pouvoir du peuple augmenta par les flat-
teries de ceux qui vouloient gagner la
multitude. [b] Elle commença d'a-
bord à s'attribuer le droit de faire des
Ordonnances contre les decrets des
Rois & du Senat. Ensuite chacun en
particulier prit la liberté de les censu-
rer. Par cette usurpation de la popula-

a *Ariftot. polit.* 111.
b *Polyb. Lib.* 6.

M iij

ce l'autorité Royale s'anéantit tout à
fait. Lorsque la domination des Cartaginois se fut augmentée, on choisit
plusieurs Generaux pour la conduite
de la guerre. Magon fut un des plus
considerables d'entre-eux, par sa vertu
& son bonheur. Il laissa deux fils qui
heriterent de ses vertus & de son autorité. Mais le Peuple jaloux de sa liberté
craignant la trop grande puissance de
cette Maison, resolût de l'arrêter; &
choisit cent hommes nommez *Suffetes*
dont la Jurisdiction s'étendoit même
sur les Chefs, & sur les Generaux. Leur
puissance étoit formidable par la gran
deur de ses droits, & par le temps de
sa durée car ils étoient perpetuels
(a) Mais ces cent Juges abusant d
leur puissance devinrent Tyrans. Il fal
lut la diminuer. Par une Loi d'Annibal
il fut arrêté qu'on les éliroit tous les
ans. Nonobstant toutes ces agitations
domestiques, la vertu & la valeur des
Generaux Cartaginois ne laissa pas
d'augmenter la gloire & l'étenduë de la
Republique. Mais la jalousie du Peuple
& son insolence augmentoient à pro-

a *Arist.* Pol.

portion. [a] Diodore de Sicile nous
affure qu'il puniffoit fouvent de mort
fes meilleurs Capitaines par pure envie,
& les menoit aux fupplices aprés les
avoir accufez fauffement. Cette feveri-
té, ou plûtôt cette cruauté mettoit ces
grands Capitaines dans une efpece de
neceffité d'afpirer à la Souveraineté,
pour fe mettre à l'abri de la fureur du
peuple, & caufa parmi eux des factions
& des divifions perpetuelles.

Cartage a toûjours aimé les richeffes.
Ces Habitans occupés uniquement du
foin d'augmenter leurs biens dedaigne-
rent d'aller à la guerre. On auroit pû
les y contraindre dans les befoins de
la Republique, s'ils n'avoient pas été
les maîtres, mais le peuple s'étant emparé de la Puiffance Souveraine, & cro-

a *Diod. Sicul. Lib.* 20 *Hujus autem rei ma-
ximi caufa extitit Carthaginienfium in punien-
do acerbitas. Nam primarios viros in bellis ad
imperia evehunt, exiftimantes iis de fummâ
rerum ante omnes periclitandum effe at pacem
adepti eofdem falfó criminantur, & injuſta
judicia ferentes ob invidiam ad fupplicia ra-
piunt. Propterea quidam imperiis præfecti futu-
ras in judicio fententias metuentes ab imperio
deficiunt alii ad Tyrannidem animum adji-
ciunt.*

yant tout trouver dans son argent, & dans ses biens, regarda la deffense de la Patrie comme au dessus de lui, il ne voulut que des Troupes Etrangeres, où il ne trouva ni zele ni sûreté, ni obeïssance, & voila ce qui causa dans les derniers temps de cette Republique tant de revoltes. C'est à cette augmentation du pouvoir populaire que [a] Polybe attribuë la perte de Cartage. *Cartage* dit ce Grand Politique, *avoit déja perdu beaucoup de sa vigueur & de sa force. Le peuple avoit pris une grande autorité dans les dèliberations & les conseils. Au contraire parmi les Romains la puissance du Senat n'avoit point ètè alterèe & étoit encore entiere. Le peuple de Cartage disoit son avis sur toutes les affaires, & les conseils des Gens de bien l'emportoient à Rome pardessus les autres.* Dans le tems d'Annibal fils d'Amilcar ; Cartage seroit devenuë victorieuse de Rome dit Cornelius Nepos, si les Cartaginois envieux de la Gloire de ce Grand Capitaine n'avoient point affoibli & dissipé leurs forces par des factions intestines, & par l'exil de ce Fameux Ge-

a *Polyb, Lib. 6.*

neral, où il fut contraint de s'empoisonner, pour ne point tomber entre les mains de ses ennemis, ausquels il fut abandonné par ses Concytoyens, après leur avoir rendu les plus signalez services, qu'ait jamais rendu un General à une Republique.

C'est ainsi que Cartage autrefois maitresse de toute l'Afrique, de la Mer Mediterranée, & de tout le Commerce de l'Univers, fut contrainte de subir le Joug de Scipion, par la jalousie & les divisions de ses Citoyens, livrez aux tumultes d'un Gouvernement populaire. Venons presentement à Rome.

CHAPITRE IV.

Du Gouvernement de la République Romaine.

LE premier Gouvernement de l'Ancienne Rome, étoit une Monarchie moderée par l'autorité Aristocratique d'un Senat fixe, dont les membres etoient permanens & non pas électifs. Romulus choisit cent Peres de Famille pour faire son Conseil Souverain, & fit ainsi la distinction entre le Senat &

le peuple, les Patriciens & les Plebeïens.
Pendant les premiers deux cens ans que
dura la Monarchie, le Peuple n'avoit
point, ou très-peu d'autorité dans les
deliberations publiques. Le Despotif-
me outré de Tarquin le Superbe ayant
enfin rendu la Royauté insupportable
aux Romains, ils se soulevérent contre
ce Prince, le chasserent, & changerent
la forme du Gouvernement.

L'Autorité Royale étant abolie, le
pouvoir Consulaire fut substitué à sa
place. Les premiers Consuls eurent les
mêmes droits, & les mêmes marques
d'honneur que les Rois avec cette difference, que leur puissance fut annuel-
le & que la Souveraineté étoit partagée entre deux hommes, dans la vûë
que le partage de l'autorité entre deux
Magistrats égaux, empêcheroit les
excez de l'un & de l'autre.

Le pouvoir Consulaire fut diminué
dans son origine par un des premiers
Consuls. Valerius surnommé Publico-
la, devenu suspect au peuple, & craignant sa fureur, assembla la multitude,
fit abbaisser devant elle les Faisceaux
(marques de l'Autorité Souveraine)
& établit par une Loi, qu'on appelle

roit au peuple des decisions des Magistrats ; & qu'il jugeroit des plus importantes choses en dernier ressort. Voila le commencement de l'autorité populaire à Rome sous le Consulat.

On ne peut disconvenir que ce ne soit d'ordinaire la dureté des Grands & l'abus de leur autorité, qui donnent occasion aux dissensions civiles, mais il faut aussi convenir que quand le Peuple lassé de l'oppression qu'il a souffert, secouë une fois le Joug de cette Autorité, il ne connoît plus de bornes, & sous pretexte de liberté jette tout dans une confusion, qui entraine enfin la ruine de l'Etat. Nous allons le voir dans la Republique Romaine.

Rome n'avoit plus une souveraine puissance distincte de la Noblesse, & du peuple, qui tint l'un & l'autre dans un juste équilibre, par la suprême autorité. Le pouvoir Consulaire étoit déja affoibli ; & les Consuls étoient annuels. Les patriciens avoient été établis pour être les Protecteurs du peuple, mais craignant l'augmentation du pouvoir populaire, ils traiterent avec la derniere rigueur les Plebeïens, jusqu'à charger de fers & de coups ceux qui

n'étoient pas en état de payer leur det-
tes. Cette cruauté barbare des riches
& des Nobles rendit enfin le peuple
mutin, & deſeſperé. L'ennemi étoit
tout prêt d'entrer dans Rome tandis
qu'elle étoit ainſi diviſée. Le danger
commun ſuſpendit pour quelque temps
les troubles domeſtiques. Mais ſi-tôt
que l'ennemi commun fut vaincu, ils
recommencerent, & furent enfin ſui-
vis de la fameuſe retraite ſur le Mont
ſacré, d'où le peuple jura de ne jamais
revenir à moins qu'on ne lui accordât
ſes propres Magiſtrats nommés Tribuns, pour le defendre contre l'oppreſſion des Nobles. Exemple rare d'un
peuple qui conſerve un reſpect inviolable pour ſes Magiſtrats dans le temps
même qu'il en étoit opprimé, ne pouvant les flechir il prend le parti d'a-
bandonner ſa Ville & de mourir de
faim plûtôt que de vivre dans cette
oppreſſion, ou de s'en delivrer par la
revolte. Exemple qui ferme la bouche
à ces amateurs de l'independance qui
ne connoiſſent point de milieu entre la
rebellion & l'eſprit de ſervitude.

Mais le peuple Romain ne ſçut pas
demeurer, long-temps dans ſes juſtes

bornes ces Magiftrats qu'il n'avoit de-
mandé, & qui ne lui furent accordés
que pour lui fervir de protecteurs contre l'oppreffion , devinrent Tirans à
leur tour. Ils commencerent peu de
tems aprés leur inftitution à fe rendre
les accufateurs & les Juges des Nobles.
Coriolan fut le premier qu'ils attaque-
rent ; & les confequences de leur at-
tentat contre ce Patricien auroient été
funeftes à la Republique, fi les Dames
Romaines n'étoient venuës au fecours
de leur patrie, pour apaiferla colere& la
vengeance de ce Capitaine outragé.De-
puis ce temps les Tribuns qui n'a-
voient été établis que pour être les
mediateurs entre le menu peuple & le
Senat voulurent juger les Senateurs ,
& les Confuls mêmes ; les depofer &
les punir à leur gré. Voilà la fource
des defordres qui dechirerent long-
temps la Republique,& qui la detruifi-
rent enfin. Les Tribuns du peuple ne
chercherentplusqu'à s'acrediterdansl'efprit de la multitude en la flattant & en
faifant chaque jour quelque nouvelle
propofition pour augmenter leur autorité fans s'embarraffer de l'utilité publique. Telle fut la Loi Agraire par la-

quelle on diſtribua les terres conq i-
ſes au menu peuple. Le Senat s'oppoſa
mais vainement à cette Loi prevoyant
que la richeſſe des Citoyens introdui-
roit le Luxe & amoliroit un peuple
dont la force étoit la temperance, & l'a-
mour de la pauvreté. Dans cespremiers
temps les Conſuls & les Senateurs faiſoient gloire de la pauvreté. Les Dic-
tateurs tirés de la charruë la repre-
noient aprés leur victoire. Les vieux
Romains ſont de rares exemples de
temperance ; & jamais dans aucun
païs la pauvreté ne fut ſi long-tems
en honneur. La Loi Agraire ayant pré-
valû, enfin par les brigues des Tribuns
(*a*) le peuple ſe corrompit tellement
qu'on n'y reconnut plus le caractére
Romain.

Les Tribuns (*b*) voulurent enſuite
s'emparer du pouvoir Legiſlatif ; mais
voyant qu'ils ne pouvoient réuſſirdans
leur deſſein, ils propoſerent qu'on
nommât des perſonnes d'entre le
peuple & les Senateurs pour faire
des Loix utiles aux uns & aux autres ;
& pour établir l'égalité. On reſolut
une Ambaſſade en Grece pour y re-

a 522 *ab urb.* Cond.

chercher

cher les Inſtitutions des Villes de ce
païs ; ſur tout les loix de Solon , qui
étoient les plus populaires. Ces loix
appellées les douze Tables ayant été
établies , dix hommes furent choiſis
pour en être les interprêtes , & les
gardiens ; & l'on ne pouvoit appeller
de leur jugement. Mais cette nouvelle forme de Gouvernement ne fut pas
de longue durée ; la licence des Decemvirs fut la cauſe de leur perte &
l'on remit bien-tôt l'autorité entre
les mains des Conſuls. Ces Conſuls
étant tout à fait populaires , firent
une Loi par laquelle il fut établi qu'à
l'avenir on ne pourroit créer aucun
Magiſtrat ſans qu'il y eût appel de ſon
jugement au peuple.

Par ces privileges, la balance étant
toute panchée du côté de l'état populaire, Rome perdit bien-tôt l'équilibre. Les Tribuns pour parvenir à leur
deſſein, qui étoit de s'emparer du pour
voir Legiſlatif, employerent deux moyens qui étoient immanquables. L'un
fut d'aſpirer aux honneurs , & au
Conſulat reſervé juſques alors au premier Ordre. La Loi pour les y admet-
tre eſt propoſée. Plutôt que de rabaiſ-

N

ser le Consulat les Peres consentent à
la creation de trois nouveaux Magistrats, qui auroient l'autorité de Consuls sous le nom de Tribuns Militaires
& le peuple est admis à cet honneur.
Les Tribuns ne voulurent pas s'en
contenter ; ils poursuivirent toujours
leur dessein; & pour y parvenir, la Loi
des mariages entre les Patriciens &
les Plebeïens est publiée par les Tribuns du peuple, malgré les contra-
dictions du Senat. Tous les rangs furent alors confondus ; Rome devint
tout à fait populaire. Les honneurs du
Consulat, toutes les autres Magistratures soit de l'Etat, soit du Sacerdoce,
& la Dictature même devinrent communes entre les deux Ordres. Cette
usurpation sur l'autorité des Nobles,
fut d'une consequence funeste pour la
Republique, parce qu'elle empêchoit
de donner toûjours aux armées les
Chefs les plus capables de les commander ; les Consuls ne pouvant être tous
les deux Patriciens, ni tous deux Plebeïens, il arriva souvent que les Elections se faisoient par faveur ; & celui
qu'on eût voulu choisir pour son merite se trouvoit exclûs, ou par l'oposition

du peuple, ou par les intrigues dn
Senat.

Les Magiftratures devenant communes avec le peuple, le peuple devint
auffi Legiflateur fuprême. Ce ne fut
plus ce peuple fi foumis à fes Loix,
& à fes Magiftrats, non feulement il
difpute le droit de faire des Loix avec
le Senat; mais encore malgré ce Confeil fuprême, il fe fait des Loix à lui-
même, & fe met en poffeffion des
privileges, & des autres marques de
la *Souveraineté*. La methode de faire
les Loix fut entierement renverfée;
car au lieu que le Senat avoit coutume
au commencement de confirmer les
Plebifcites. Le peuple enfin s'attribua le
pouvoir de confirmer ou de rejetter
les *Senatus Confultes*. Ce defordre fut
fuivi encore d'un plus grand. C'eft
que le peuple changea & multiplia les
Loix felon fon caprice. *Les bonnes ordonnances* dit Tacite [a] *finirent avec les
douze Tables. Car depuis ce temps-là les
Loix furent le plus fouvent établies par
la violence à caufe des diffenfions du peuple & du Senat.... Et de la Licence effre-
née des Tribuns qui fouleva toûjours le*

a *Annal. lib.* 3. *Cap.* 28.

peuple, pour faire passer leurs decrets;
& des lors on fit autant de Loix qu'il y
avoit de personnes qu'on accusoit, de
sorte que toute la Republique étant cor-
rompuë ; les Loix se multiplioient à
l'infini.

Voilà les differens degrez par lesquels l'autorité populaire s'accrut dans
la Republique Romaine. Nous la voyons depuis l'établissement des Tribuns
dans une agitation perpetuelle & enfin dechirée par des guerres civiles. Le
Senat ne trouvoit point de meilleur
remede contre les divisions intestines
que de faire naitre continuellement
des occasions de guerres étrangeres.
Ces guerres empêchoient les dissensions civiles d'être poussées à l'extre-
mité , & réünissoient les differens ordres dans la deffence commune de la
patrie. Pendant la conquête de l'Italie ; & des Gaules Cisalpines , & pendant les guerres Puniques , on ne vit
point de sang repandû à Rome par
les guerres civiles. Mais si tôt qu'elle
devint maitresse du monde , & qu'elle
n'eût plus rien à craindre au dehors ,
elle commença à se dechirer elle-même. Les pretendans ambitieux ne son-

geant les uns qu'à flatter les Nobles,
les autres le peuple, la divifion devint
fans remede. On commença à agir par
la force ouverte, fans avoir égard aux
voyes legitimes. Les brigues & la violence font tout dans Rome, l'amour
de la Patrie & le refpect des Loix s'y
éteint.

Alors plufieurs Chefs hardis & en-
treprenans fe fervirent de toutes les
ufurpations que les Tribuns avoient
faites depuis tant d'années pour établir
leur puiffance. Ainfi commencerent
les guerres civiles des Gracques qui
confirmerent la Loi Agraire. Aprés les
Gracques, Marius Plebeïen reveilla
la jaloufie du peuple contre les Patriciens, par fes harangues feditieufes.
Sylla Patricien fe mît à la tête du party contraire. Pompée & Cefar felon
le témoignage de Plutarque s'unirent
d'abord pour abattre la Nobleffe, &
fe diviferent enfuite par jaloufie. Le
premier fe declare pour le Senat, Cefar fe devouë au peuple, & enfin devient fon tyran.

Ainfi Rome fi jaloufe de fa liberté,
par cet amour de la liberté même pouf-
fé trop loin, vit la divifion fe jetter

entre tous ses ordres. Les Plebeïens
craignoient l'autorité des Patriciens
comme une tyrannie qui ruinoit la
liberté , & les Senateurs redoutoient
l'autorité du peuple comme un dere-
glement qui confondoit tout. Entre
ces deux extremités un peuple d'ailleurs si sage ne peut trouver le milieu.
On ne voit plus à Rome aucune forme
de Gouvernement fixe & constante. Le
peuple change sans cesse la Magistratu-
re. Enfin aprés des combats & des
guerres qui vengent les Nations en-
nemies du nom Romain, de la servitude où il les a reduit , tout se ter-
mine dans une Monarchie , mais Monarchie la plus dangereuse de toutes ;
c'est-à-dire despotique & sans regle de
succession , où l'Empire Romain étoit
sans cesse soumis à la violence d'une
armée qui s'étoit emparée de la Souveraineté , & qui lui donnoit des maîtres à son gré.

C'est precisement ce qu'avoit predit
Polybe , le plus habile Politique de
son temps, & contemporain de Scipion l'Afriquain. Cet Auteur avoit une
grande idée de la Republique Romaine, tandis que le Senat ne perdroit

point son Autorité , mais sitôt qu'il
vit les divisions , & l'esprit populaire
prendre le dessus, il predit tout ce qui
est arrivé. (a) *Après qu'une Republi-*
que, dit cet Historien, a surmonté de grands
perils, & qu'elle est arrivée à une puis-
sance qu'on ne lui dispute point, l'ambi-
tion s'emparera des esprits pour avoir les
Magistratures. Lorsque ces maux se
seront une fois augmentez, le commen-
cement de sa perte viendra des honneurs
qu'on poursuivra par des brigues. Alors le
peuple brulant de colere ne suivra que les
conseils que cette passion lui aura inspiré.
Il ne voudra plus obéir aux Magistrats,
mais il s'attribuëra tout le pouvoir. Ain-
si la Republique ayant changé de face,
se changera en mieux en apparence, &
prendra un nom illustre ; je veux dire
celui de Liberté, & d'Etat populaire ;
mais ce ne sera en effet que la domina-
tion d'une multitude aveugle qui est sans
doute le plus grand de tous les maux.

C'est ainsi que Sparte, Carthage, &
Rome les trois plus belliqueuses &
plus illustres Republiques du monde
ont été perduës par la trop grande
augmentation du pouvoir populaire.

a *Hist. Polib. lib. 6. de Rep. Rom.*

Approchons nous de nôtre temps, &
voyons si l'Angleterre a profité des
malheurs de ces trois grandes Republiques.

CHAPITRE V.

*Du Gouvernement d'Angleterre & des
differentes formes qu'il a pris.*

AVANT que l'Empereur Claude
eût fait de la Grande Bretagne
une Province de l'Empire, cette Isle
étoit partagée en plusieurs petits Etats
dont la plûpart avoient leurs Seigneurs, ou leurs Rois particuliers.

L'Angleterre fut plus de 400. ans
sous la domination des Romains; qui
l'abandonnerent enfin volontairement
& rappellerent leur troupes, pour les
opposer aux irruptions des Nations du
Nord qui commençoient à demembrer
ce grand Empire. La grande-Bretagne destituée alors du secours des Romains, les Pictes & les Caledoniens
nommés depuis Ecossois, sortant de
leur montagnes maigres & steriles
vinrent attaquer les Provinces Meri-
dionales de cette Isle. Pour arrêter l'in-
vasion de ces montagnards feroces, les

Bretons eurent recours aux Anglois,
Nation Saxonne qui chassa les Ecossois
s'établit ensuite dans l'Isle, lui imposa le nom d'Angleterre, & la parta-
gea en sept Royaumes qui furent tous
reünis 400. ans apres sous la domination d'Egbert Roi de West-Saxe.

(*a*) Vers l'an 818. le Gouvernement Monarchique prit une forme
plus fixe. L'unique Titre à la Couronne étoit le droit héreditaire, ou la designation des Rois par leur Testament.
La Nation durant le temps des Rois
Saxons fut toujours gouvernée par
un seul Monarque, & par les grands
du Royaume qui faisoient le Conseil
suprême du Prince.

L'An 1066. Guillaume Duc de Nor-
mandie surnommé le Conquerant fut
appellé à la Couronne d'Angleterre
par le Testament du Roi Edoüard.
S'étant rendu maitre du Royaume,
il le traita comme un païs de conquête. Il y établit un Gouvernement despotique & absolu. Il distribua une
grande partie des terres des Anglois
aux familles Normandes & Françoi-
ses qui l'avoient suivi dans son expe-

a Brady hist. de la succession. p. 363.

dition. Il s'attribua le domaine primitif des terres, il les chargea envers lui de redevances annuelles, & d'un droit payable à la mort de chaque detenteur, & fit d'autres difpofitions qui le rendirent plus proprietaire que les poffeffeurs.

Le Conquerant laiffa le Royaume à Guillaume le Roux fon fecond fils, au prejudice de Robert fon aîné qui fit plufieurs efforts pour arracher la Couronne à fon Cadet; mais inutilement; car Guillaume eût l'addreffe de mettre les Seigneurs Normans & Anglois dans fes interêts en leur promettant qu'il retabliroit la liberté & la proprieté des fujets felon les anciennes Loix Saxonnes. Cela plût également aux Seigneurs Normands & Anglois, car c'étoit l'unique moyen d'affurer aux premiers la poffeffion des terres que le Conquerant leur avoit donneés, & aux feconds celles qui leur appartenoient par droit de naiffance, & qui leur reftoient encore. Guillaume mourut pourtant fans remplir fes promeffes.

Henry premier fon frere cadet monta fur le Trône, & Robert fon aîné fut exclû de nouveau. Pour aſſurer ſon uſurpation il ſuivit la même route que Guillaume le Roux & promit de re-mettre le Gouvernement ſur l'ancien pied. Il confirma ſa promeſſe par une Chartre, mais il ne l'executa pas mieux que ſon frere.

Pendant quelques regnes aprés, cet-te Chartre n'ayant pas été executée les Loix établies par le Conquerant s'é-toient affermies.

L'an 1215. ſous le regne de Jean Sans terre, l'Archevêque de Cantorbe-ry pretendit retrouver cette Chartre de Henry 1. Le Roi Jean étant avare & cruel demandoit ſans ceſſe des Subſi-des & ſur tout au Clergé. Les Sei-gneurs lui propoſerent le retabliſſe-ment de leurs libertés. Il le refuſa, & ce refus fut le ſignal de la guerre. Les Barons liguez prirent les armes, & donnerent à leur Chef le nom de Ma-reſchal de l'armée de Dieu & de la Sainte Egliſe. Le Roi fut abandonné & contraint de leur offrir ſatisfaction. Aprés quelques diſcutions avec les Ba-rons ſur leurs privileges non ſeule-ment le Roi les confirma, mais il en ajouta beaucoup d'autres; & les comprit tous dans un Acte autentique, dont lui & toute l'assemblée jurerent unanimement l'observation.

C'est ce Acte qu'on appelle *La Grande Chartre.* Le Roi Jean ne garda point ses promesses non plus que ses predecesseurs. Il retracta son serment, & selon l'usage de ces temps là le Pape le declara de nulle valeur, comme ayant été extorqué par la violence.

Aprés sa mort, Henry III. son fils lui ayant succedé, se trouva un Prince foible, les Barons renouvellerent leurs anciennes demandes pour le retablissement de leurs Privileges, mais il arriva ce qui arrive toujours lorsque sous pretexte du bien public on sort des justes bornes de la subordination ; non seulement les Barons demanderent l'execution des choses justes qui leur avoient été tant de fois promises, mais profitant de la foiblesse du Roi ils ajoûterent plusieurs autres demandes qui alloient à degrader entierement la Dignité Royale, & à mettre toute l'autorité entre les mains d'un petit nombre de factieux. Le Roi refusa des propositions si deraisonnables. Les seditieux prirent les armes sous la conduite

duite du Comte de Leicestre chef de
la revolte. C'etoit un devot, grave,
austere, reglé, grand diseur de prieres vocales; hypocrite, ou entousi-
aste, & peut être tous les deux.

L'Armée Royale fut defaite, le
Roi fait prisonnier, avec le Prince
son fils, Le devot rebelle ayant se-
coüé le joug de son Souverain, imposa le sien à la Nation Angloise. Les
revoltés ne l'eurent pas plutôt senti
qu'ils le trouverent plus dur que celui des Rois, & firent leurs efforts
pour le secoüer. Grande leçon pour
les amateurs des changemens. La tyrannie ne cesse point, on ne fait que
changer de maitre.

Aprês avoir tenû plusieurs mois le
Roi dans les fers, & le peuple sous le
joug, les factieux se diviserent & donnerent occasion au Prince Edoüard de
s'échaper de prison, de rendre la liberté à son pere, & de chasser l'usurpateur.

Henry étant mis en liberté confirma la grande Chartre d'une maniere
tres solemnelle. C'est cette grande
Chartre qui a été le grand pretexte de
toutes les factions qui agitent si sou-

O

vent l'Angleterre. Ce n'est pas qu'il y
ait rien dans cette Chartte qui diminuë les vrayes prerogatives, & l'autorité des Rois. Elle ne contient pour la
plûpart que les Loix de St. Edouard,
& ces Loix étoient des Privileges accordés à la nation par les bons Princes
pour servir de barriere contre les mechans Rois. Ces Privileges ne regardent que la liberté , & la proprieté des
sujets , & l'immunité de toute taxe
extraordinaire sans le consentement
des Barons. Mais les amateurs de l'independance se sont servi du beau pretexte de liberté & de proprieté accor-
dées dans cette Chartte pour en abuser & pour donner des atteintes à l'autorité Royale.

(*a*) Après la mort de Henry III. Edoüard
I. son fils lui succeda, ce fut sous son
regne que les membres electifs des Provinces eurent seance en Parlement , ses
predecesseurs avoient convoqué de tems
en tems les députés du peuple pour as-
sister au Conseil suprême , mais c'étoit
les Rois qui nommoient eux mêmes ces
Députez & non pas le peuple, & il étoit

L'an 1280.

dans le pouvoir des Rois de les appeller
ou non. *(a)* Edoüard fut le premier qui
accorda aux Communes une séance fixe
dans le Parlement. Ils étoient d'abord
assis dans la même chambre avec les
Pairs spirituels & temporels, ensuite
ils furent erigez dans une chambre se-
parée. Ils n'eurent originairement que
voix representative & nullement deliberative, comme il paroît par les Rolles du Parlement pendant longues années aprés le regne d'Edoüard I. dans
tous ces Rolles, les communes parlent
toûjours au Roi en suppliant, ne font
que lui representer les griefs de la Nation, & le prient de faire des Loix par
l'avis de ses Seigneurs spirituels & temporels. La formule de tous les Actes est
telle, *accordé par le Roi & les Sei-*
gneurs spirituels & temporels aux prieres
& aux supplications des communes.

C'est pour cette raison que jusques
à ce jour quand le Roi d'Angleterre
convoque le Parlement, *il mande aux*
Seigneurs de s'assembler pour lui donner
conseil, mais il ordonne aux Communes
de se tenir prêts pour se soumettre à tout

a Brady droit des Communes *p.* 140
jusques à *p.* 150.

ce qui fera decidé par lui & par fes
Seigneurs.

Edoüard crût fans doute par fes privileges accordés aux Communes faire un
contrepoids à la trop grande autorité
des Barons qui le génoit , mais il fe
trompa , car l'autorité des Communes
devint plus fatale à fa pofterité que
n'avoit été celle des Seigneurs à fes
ancêtres. Le pouvoir populaire aug-
mentant peu à peu dans le Parlement
la Conftitution fondamentale de la
Monarchie Angloife fut alterée & enfin totalement renverfée. Il eft vrai
que le pouvoir Royal fut confervé
entier pendant tout le regne de ce Prince car nous voyons que par fa propre
autorité il fait fouvent des Loix fans
convoquer fon Parlement. (a) C'eft
ainfi que dans les Statuts de Glocéfter
il s'attribuë le feul pouvoir legiflatif ,
& la formule des Edits eft *nôtre Souverain Seigneur le Roi a pourvû & établi
les actes fuivans*, mais aprés fa mort
fous le regne de fon fils Edoüard II.
Le Parlement commença à s'attribuër
le pouvoir de juger & de dépofer les
Princes.

a *Stat. Glocest. an* 1278, 1320.

Avant ce temps c'étoit une maxime fondamentale de la Loicommune d'Angleterre [a] *que le Roi n'a point d'autre Superieur que Dieu, qu'il n'y a point d'autre remede quand il fait des injustices que d'avoir recours aux remontrances respectueuses afin qu'il se redresse & s'il ne le fait point, il doit suffire que Dieu s'en vengera un jour.* Mais nous allons voir le renversement de ces Loix.

Quand le Parlement voulut faire le procés au Roi Edoüard II. & le deposer, l'Evêque de Carlisle soûtint hautement que les sujets n'avoient aucun pouvoir de juger leur Souverain qui étoit l'Oint du Seigneur. Cette remontrance les obligea de garder quelques menagemens, & sous pretexte que le Roi s'étoit trop livré à ses Ministres insolens, ils l'engagerent de ceder par demission volontaire à son fils un Trône qu'il ne pouvoit pas occuper avec dignité. Edoüard bon, mais foible Prince consentit à sa déposition & fut condamné à une prison perpetüelle où il fut assassiné secretement.

a *Bracton. lib.* 1. *cap.* 8. *lib.* 2. *cap.* 7. *Glanville. lib.* 7. *cap.* 10. Ces deux Auteurs ont écrit il y a plus de 500. ans

Edoüard III. son fils porta l'autorité
Royale & la gloire du sceptre Anglois
plus loin qu'aucun de ses ancêtres. Ni
l'éclat des exploits du Père, ni les pre-
cautions de sa prudence, ni le respect
dû à sa memoire ne purent garantir le
petit fils de la fureur d'un Parlement
devenu Democratique.

Sous le Regne de ce grand Edoüard
les Seigneurs & les Communes declarerent en plein Parlement, (a) *qu'ils*
ne peuvent pas consentir à aucune chose
qui tende à l'exheredation du Roi, quoi-
que le Roi même la souhaitât. (b) *Que c'est*
un crime de haute Trahison de concer-
ter ou de tramer la mort du Roi, de pren-
dre les armes contre luy, ou d'adherer à
ses ennemis.

Nonobstant ces Loix si solemnelles
Richard II. son petit fils fut jugé & deposé par son Parlement. Ce Prince de-
bauché dans sa jeunesse avoit fait choix
de tres mauvais Ministres, mais il n'y
a jamais eu de regne sous lequel le peuple fut plus heureux, les Nobles plus
respectés, [c]ni le Clergé plus protegé;

a *An. 1369. parl. 42.*
b *An. 1359. St. t. 5. chap. 2.*
c *An. 1392. parl. 16. Rich. 2. chap. 5*

& quoique le Parlement eut declaré
quelques années auparavant que de
tout temps & par la Constitution fondamentale de l'Etat , le Roi d'Angleterre n'étoit sujet qu'à Dieu seul , cependant cet illustre Corps fit le procés à son Prince , l'accusa de plusieurs
malversations , le deposa & le con-
damna à une prison perpetuelle pour
favoriser l'ambition du Duc de Lancastre qui usurpa la Couronne & regna sous le nom de Henry IV.

Ce fut là le commencement de la
haine fatale & des guerres civiles entre les maisons d'Yorck & de Lancastre qui desolerent le Royaume pendant longues années. Cet usurpateur
commença comme les autres à flater
les peuples en leur rendant graces de
son élevation , & en reconnoissant
qu'il tenoit la Couronne de leur suffra-
ges. C'étoit au reste un grand Prince
dont le Gouvernement sage & heureux
fit fleurir l'Angleterre aussi bien que
celui de son fils Henry V. qui con-
quit presque toute la France.

Aprés que la maison de Lancastre
eût possedé la Couronne plus de 60.
ans Richard Duc de York sous le re-

gne de Henry VI. fils de Henry V.
présenta à la Chambre haute, sans
s'adresser à la Chambre basse, une
preuve de son droit à la Couronne,
comme étant descendu d'un 3me. fils
d'Edoüard III. au lieu que Henry
VI. n'étoit descendu que d'un 4me fils
du même Roi. Les Seigneurs declarerent d'abord que la matiere étoit trop
relevée & qu'ils ne pouvoient pas juger des droits de la Couronne sans
l'ordre du Roi. Henry leur ordonna
d'examiner les pretentions du Duc,
& ils declarerent que selon la Loi
fondamentale du Royaume, le droit
du dernier étoit meilleur que celui du
premier.

Voilà un Acte autentique qui prouve que le Parlement croyoit alors
que le Droit hereditaire étoit inalienable, puisqu'il fut reconnu pour le
seul legitime, dans le temps même que
l'usurpateur étoit sur le Trône, & aprés une possession de plus de soixante ans.

Il fut decidé qu'aprés la mort de
Henry, la Couronne passeroit au Duc
d'York & à ses enfans. Le Roi & le
Duc se broüillerent, on leva des ar-

mées, les guerres civiles commencerent entre la Rose rouge & la Rose
blanche. Richard fut tué & son fils
couronné Roi sous le nom d'Edouard
IV. Henry fut fait prisonnier, ensuite
mis en liberté, & remis de nouveau
sur le Trône, puis depossedé encore,
& assassiné avec son fils.

Les Princes de ces deux maisons ri-
vales continuèrent ainsi de se faire la
guerre pendant plusieurs années. Toutes ces dissentions civiles furent enfin
éteintes par le mariage du Comte de
Richemond nommé Henry VII. qui
ayant épousé Elisabeth fille ainée d'E-
douard IV. reünit en sa personne tous
les droits de la maison d'York & de
Lancastre.

C'est à l'occasion de l'usurpation des
Princes de la maison de Lancastre que
ces Princes sont appellés dans les
actes du Parlement pretendus Rois,
Rois de fait & non de Droit.

L'Envie qu'eût chaque party pendant ces broüilleries de gagner les
Communes donna occasion à la
Chambre basse de sortir de ses anciennes bornes & d'augmenter son autorité. Ce fut sous le regne d'Edoüard IV.

que cette Chambre commença pour la premiere fois d'avoir quelque part au pouvoir Legiſlatif. L'ancien ſtile des actes du Parlement fut changé. Au lieu de dire comme autrefois (a) *accordez aux prieres & aux ſupplications des Communes par le Roi & les Seigneurs on mit accordé par le Roi & les Seigneurs avec le conſentement des Communes.* Cette formule pourtant ne devint fixe que longues années après. Car dans les regnes immediatemens ſuivans on reprend l'ancien ſtyle.

Le dur procedé de Henry VII. à l'égard de la Maiſon d'Yorx ralluma les anciennes haines. Son Regne fut long temps troublé par deux impoſteurs que les *Plantagenetes* ſuſciterent & qu'ils firent paſſer pour Princes du Sang. Henry par ſa Politique & ſa valeur rendit inutiles tous les efforts de ſes ennemis. Devenu paſible poſſeſſeur & ſans concurrent il ne ſongea qu'à remplir ſes treſors & à rehauſſer le pouvoir Royal. Voici comment il s'y prit pour réüſſir dans ce dernier deſſein.

Avant ſon temps, les Rois & les Seigneurs étoient les ſeuls proprietaires des terres. Les Pairs de la Nation

a *Roll. Parl. 3. & 4. Ed. 4. n. 39.*

étoient autant de petits Souverains qui tenoient leur Cours feparées dans les Provinces. Ils ne pouvoient pas aliener le fond de leur terres, ni vendre leur fiefs. Les Communes étoient leur Vaſſaux, ils dependoient entierement d'eux, Ils étoient obligés de prendre les armes par leurs ordres, de fervir à la guerre fous leur conduite & de paroitre à leur fuite dans toutes les occafions publiques.

Henry VII. pour diminuër le pouvoir des Seigneurs qui avoient toûjours été les rivaux de l'autorité Royale fit propofer dans le Parlement par fes creatures un acte pour permettre aux Seigneurs de vendre leur fiefs & leur terres. Les Seigneurs gatés par le luxe & ruïnés par les guerres civiles confentirent à fe depoüiller de leur anciens privileges pour profiter des groſſes fommes qu'ils retiroient de la vente des fiefs, & pour fatisfaire auſſi aux Tributs exorbitans que leur impofoit Henry VII. dont l'avarice étoit infatiable.

Par cette vente des fiefs, les Communes devinrent proprietaires des terres comme le peuple Romain par la

Loi agraire. Mais cette demarche
contribua dans la suite à ruïner tout
ensemble le pouvoir Royal & Aristocratique. Les Communes se voyant
proprietaires des terres voulurent aussi
avoir part à l'administration des affaires publiques. Nous verrons l'autorité
populaire s'accroitre insensiblement,
prevaloir dans les Parlemens, & se
porter par degrés aux plus grands
excés.

Henry VII. cependant aprés avoir
diminué le pouvoir des Seigneurs augmenta l'autorité Royale. Son esprit
sublime & sa Politique profonde le
rendirent maitre du Parlement, &
preparerent à son fils Henry VIII. l'autorité absoluë qu'il exerça pendant
tout son Regne.

De son tems la suprême independance des Rois d'Angleterre fut confir-
mée par de nouveaux actes de Parlement. (a) *Le Royaume* (disent ces actes)
est un Empire gouverné par un chef suprê-
me. Les Rois d'Angleterre, leurs heritiers,
& leurs successeurs ont une autorité Impe-
riale, (b) *& ne sont obligés de repondre*

a Parl. 24. ch. 12
b Parl. 25. ch. 21.

en quelque cause que ce soit à aucun superieur , parce que le Royaume ne reconnoit point d'autre superieur aprés Dieu
que le Roi.

Sous le regne de Henry VIII.
commencerent les fameuses discordes
sur la Religion qui remplirent l'Europe de guerres civiles , & de revoltes. Le Parlement d'Angleterre pour
complaire à son Roi se mêla d'être
Casuiste & Theologien & declara
Henry , Chef de l'Eglise Anglicane.

Sous le regne d'Edoüard VI. son
Fils , le Parlement se mêla bien plus
de la Religion ; car voyant que le
Clergé penchoit vers le Lutheranis-
me , & le Gouverneur du jeune Roi
vers le Calvinisme ; les deux Chambres deputerent des Membres pour faire un systême de certains points de l'u-
ne & de l'autre de ces deux Religions
dont ils composerent la Religion du
païs. Peu à peu les divisions Ecclesiastiques augmenterent les dissentions civiles & troublerent beaucoup le regne
de la Reine Marie , qui étant Catho-
lique, son Parlement le devint aussi.
Mais il ne le fut pas long tems , car
il changea de nouveau sa Religion

P

pour plaire à la Reine Elisabeth qui étoit Protestante. Rien de remarquable ne fut changé cependant dans la forme du Gouvernement. Il est vrai que sous le Regne d'Elisabeth, les Membres de la Chambre basse voulurent accroitre leur autorité. Mais cette Princesse hardie & ferme dans sa conduite, les traita d'impertinens & leur imposa silence. Il paroit que l'autorité dont ils jouissent à present ne fut affermie que sous le regne de Jacques premier dans la personne duquel furent réünies les deux Couronnes d'Ecosse & d'Angleterre.

Aprés cette union le Parlement commença par confirmer de nouveau le droit hereditaire dans ces termes. *Nous réconnoissons comme nous le devons, selon la Loi divine & humaine que le Royaume d'Angleterre : & la Couronne Imperiale, appartient au Roi par droit inherent de naissance, & de succession indubitable, & nous nous soumettons & nôtre posterité à jamais à son Gouvernement, jusqu'à la derniere goute de nôtre sang.* Cet acte n'est pas l'établissement d'un droit nouveau, mais un aveu solemnel de toute la nation que le Gou-

vernement Monarchique , & hereditaire est la Constitution du Royaume.

Jacques premier , Roi paisible , eut
beaucoup de complaisance pour son
Parlement, le consultant non seulement dans les affaires d'Etat, mais presque dans toutes celles qui regardoient
sa famille, defferant à ses avis, affectant
une grande attention à ne point blesser
ses privileges , lui demandant peu de
subsides extraordinaires , mais en se
donnant ainsi la paix à lui-même , il
laissa à Charles I. son Successeur les
semences des fameuses discordes qu'on
a vûës depuis. Deux choses contribuë-
rent à ces troubles. L'une tirée de la
Religion , l'autre de la Politique &
toutes les deux unies ensemble ont en-
trainé la ruine de la Monarchie & de
la famille Royale.

Depuis le tems qu'on commença à
disputer sur les formules & les forma-
litez de la Religion, l'Angleterre fut
innondée par une foule de Sectaires
dont les systêmes étoient tous contraires les uns aux autres. Parmi toutes ces sectes il y en avoit deux principales , l'une qui en secouant le joug
du Pape conserva l'Episcopat , la su-

bordination hierachique , & une partie des ceremonies de l'ancienne Eglise; L'autre renversa toute hierarchie ,
& toute ceremonie , comme contraires
à la simplicité Evangelique , & leurs
Ecclesiastiques étoient tous égaux ; les
premiers s'appellerent Episcopaux , les
derniers Presbiteriens. Les uns voulurent une Aristocratie dans l'Eglise ,
les autres une Democratie toute pure.
Les Politiques prirent parti dans ces
querelles de Religion. Ceux qui res-
pectoient l'Autorité Royale se declarerent pour les Episcopaux , & ceux
qui aimoient le Gouvernement populaire soutinrent les Presbiteriens. Cette division dans la Religion augmenta
les dissentions civiles , & les Politiques de l'un & de l'autre parti se ser-
voient de la Religion pour éblouir le
peuple & l'engager dans leurs interets.

Le Roi Charles étoit zelé pour les
Episcopaux , animé par l'Archevêque
de Cantorbery il voulut introduire en
Ecosse la Liturgie Anglicane , & rendre la Religion de la Grande-Bretagne
uniforme. Voilà la premiere source des
troubles. En voici la seconde.

Le Roy Charles étoit engagé de

faire la guerre à la Maison d'Autriche
pour l'obliger de restituer le Palatinat
à son beau frere Frederic Comte Pala-
tin. Le Parlement avoit promis au
Roi Jacques son pere l'argent necessaire pour cette entreprise. Charles
demanda, mais la Chambre basse qui
donne les subsides le refusa. Car la plûpart de ses membres étant zelez Presbiteriens étoient indisposez contre le
Roi par la protection qu'il donnoit à
l'Eglise Anglicane. Le Roi fut obligé
de faire la guerre à ses propres depens,
Il eût recours à un ancien impôt ma-
ritime qu'il avoit droit de lever selon
l'aveu des plus habiles Jurisconsultes
qui furent choisis pour l'éxamen de
cette affaire. Un membre de la Chambre des Communes dont la taxe n'ex-
cedoit pas 20. livres de France refusa
de la payer. Plusieurs autres de la même Chambre suivirent son exemple &
bien-tôt on fit gloire de disputer avec
le Roi. Charles cassa le Parlement
trois fois & soûtint toûjours la guerre à ses depens. Les guerres étrangeres venant à cesser, l'Angleterre comme l'ancienne Rome tourna ses armes
contre elle-même.

Les Ecossois se revolterent parceque le Roi vouloit changer leur Religion, & il se liguerent ensemble par un *Convénant* qu'ils appellerent la ligue sainte & solemnelle, par laquelle ils jurerent de soutenir & d'étendre leur religion par la force des armes.

Ce fut dans cette disposition des esprits que s'assembla l'an 1640. le sanguinaire Parlement qui renversa la Monarchie Angloise & le Monarque. On commença d'abord par engager le Roy a consentir de ne point casser le Parlement que du consentement des deux Chambres, lesquelles demeureroient assises tant quelles le jugeroient necessaire pour le bien de l'Etat.

Alors les ennemis du Roi leverent le masque, & demanderent que tous ceux qui étoient du Conseil du Roi cedassent leur charge à d'autresque le Parlement choisiroit, que tous les Grands Officiers de la Couronne, tous les Juges, tous les Gouverneurs, ne fussent pourvus de leurs charges que par le choix du Parlement, & enfin que le Parlement disposât de la Mi-

lice, des Places, des Ports , des Arse-
naux , & plusieurs autres articles,
extravagans qui alloient à l'anéantis-
sement du pouvoir royal. Plusieurs
Membres de la Chambre haute ayant
honte d'être dans une assemblée où
l'on poussoit si loin l'insolence contre
leur souverain , l'abandonnerent , &
allerent trouver le Roy qui s'étoit
retiré à York.

Charles I. fit tout son possible
pour arrêter la fureur de la Caballe
Antiroyaliste par des propositions mo-
derées, mais le Parlement leva des
troupes & voulant agir par force ,
le Roy parût à la tête d'une Armée,
les guerres civiles commencerent,
Cromwel homme hardy , Ambitieux,
& hypocrite devint bientôt maître de
l'Armée Parlementaire , & battit souvent celle du Roi qui se refugia en
Ecosse. Le Parti Republicain & en-
tousiaste de cette Nation qui avoit
toûjours eû la reputation d'une fide-
lité inviolable, livra lâchement le Roy
aux Anglois. *Tantum religio potuit
suadere malorum.* Il faut rendre pourtant justice aux Ecossois , ils ne cro-
yoient point que les Anglois maltrait-

teroient le Roi, car si-tôt qu'ils s'en apperçûrent ils leverent des troupes pour le délivrer, mais inutilement, car le Roy Charles ayant été fait prisonnier dans l'Isle de Wight, fut livré entre les mains barbares de ses rebelles sujets.

Cromwel & sa Cabale s'étant rendûs maîtres de l'Armée le devinrent bientôt du Parlement, & commencerent à debiter les maximes du Whiggisme. Ireton son gendre dans une seance de la Chambre basse parla ainsi, *le contrat du Roi & des peuples contient une engagement mutuel aux peuples d'obéir, aux Rois de proteger le peuple ; nôtre Roi cesse de nous proteger, dès là nous sommes dispensez de la soûmission à laquelle nous étions engagez par le contrat mutuel que nos peres ont fait avec ses ancêtres.* On proposa d'abjurer le Roi & la Royauté, & d'établir pour l'avenir un Corps representant le peuple qui gouvernât l'État en son Nom.

L'Armée se saisit des portes des deux Chambres, & parce que la Chambre haute eut horreur de ces propositions ondeclara dans celle desCommunes

qu'à elle seule appartenoit le pouvoir
de faire les Loix, & qu'on n'avoit pas
besoin du consentement des Seigneurs,
la souveraine puissance étant originairement dans le peuple.

On erigea un tribunal, sous le titre de Cour de la haute justice par l'autorité des Communes. Le Roi fut cité
devant le Tribunal accusé de tyrannie, de haute trahison, de tous les
meurtres & de toutes les violences
commises pendant les guerres civiles.
Enfin le meilleur Prince, le meilleur
amy, & le meilleur maître est condamné à mort & on lui tranche la
tête publiquement sur un échafaut.
Cromwel se rendit maître absolu
sous le nom de Protecteur & regna
jusqu'à sa mort d'une maniere plus
arbitraire & plus despotique, qu'aucun Monarque de l'Europe.

Richard son fils n'ayant point ses
talens, ni ses vices, fut bien-tôt obligé de s'enfuir. Les Royalistes qui
étoient toûjours demeurez fidélles
quoique cachez leverent la tête. Charles II. qui avoit erré long-temps en
exil avec son frere le Duc d'York,
fut enfin rappellé selon le desir Uni-

verſel de la nation qui gemiſſoit ſous la tyrannie de l'Uſurpateur.

L'Egliſe & l'état furent retablis ſur l'ancien pied , & le droit heredi-taire fut confirmé de nouveau. Pour empêcher à l'avenir de ſemblables re-volutions les deux Chambres du Par-lement ſupplierent le Roi qu'il fut ar-rêté & declaré [a] *que par les Loix induitables & fondamentales d'Angle-terre ni les Pairs du Royaume ni les Com-munes aſſemblées en Parlement ou hors du Parlement , ni le peuple collectivement ni repreſentativement , ni quel-qu'autre perſonne que ce puiſſe être n'a jamais eu , ni dû avoir aucune autorité coercive ſur les perſonnes des Rois de ce Royaume. Que la derniere guerre civile contre le Roi Charles procedoit d'une er-reur volontaire touchant l'autorité ſuprê-me, que pour obvier à l'avenir & empê-cher que perſonne puiſſe être ſeduit & en-trainé dans aucune ſedition , il eſt arrê-té , que quiconque affirmera que les deux Chambres enſemble ou ſeparement , ont pouvoir legiſlatif ſans le Roi ſera privé de tous ſes biens & effets. Il eſt de plus*

a Parl. 12. ch. 30. Parl. 13. ch. 1. 6. & 7. Charl. II.

déclaré que le seul & supréme gouvernement des forces militaires, & de tout
ce qui leur appartient est, & a toûjours
été selon les Loix d'Angleterre, le droit
indubitable du Roi & de ses prédecesseurs
Rois & Reines d'Angleterre, & que les
deux Chambres du Parlement ensemble
ou separement ne peuvent, ni ne doivent
y pretendre, beaucoup moins se soulever
pour faire une guerre offensive ou deffensi-
ve contre le Roi, ses heritiers ou legitimes Successeurs.

Les Antiroyalistes subsisterent pourtant toûjours, & firent plusieurs efforts pour assassiner le Roi, & renverser de nouveau la Monarchie. Vers
la fin du regne de Charles Second les
Communes proposerent un Acte pour
detruire le droit hereditaire & exclure le Duc d'Yorx à cause de sa Religion. Le Seigneurs rejetterent cet Acte, & le Parlement d'Ecosse assemblé
à Edimbourg pour prevenir une telle
injustice fit le fameux Acte de la succession. [a] C'est dans cet Acte que le
Parlement reconnoit que par la nature de son gouvernement & par ses
Loix inviolables & fondamentales la

a *L'An.* 1681.

Couronne est transmise & devoluë par le seul droit de succession en ligne directe, que nulle difference de Religion, nulle Loi, nul Acte de Parlement, déja fait, ou qui puisse être fait à l'avenir ne peut changer ou alterer ce droit.

Sous le regne de Charles II. les Actes du Parlement d'Angleterre, & de celui d'Ecosse sont remplis de semblables declarations, par lesquelles ces illustres Corps reconnoissent que le droit hereditaire, & la suprême independance de leur Rois sont & ont toûjours été les Loix fondamentales de ces deux Monarchies. Ce ne sont pas des Loix nouvelles faites par l'autorité d'un Senat qui pretend avoir le suprême pouvoir legislatif, pour faire changer les Loix à son gré, mais un témoignage autentique que les Etats de l'une & de l'autre Nation rendent à leurs Loix fondamentales, & une confirmation publique de ce qui a toûjours fait l'essence immuable de leur Constitution.

Nonobstant ces Actes si solemnels, & les sermens les plus sacrez, le parti Antiroyalistes prevalut. Le feu Roi

Jaques

Jacques II. fut contraint de se retirer
en France. Le droit héréditaire fut renversé & GuillaumePrince d'Orange éle-
vé surTrône de son beau pere par l'a-
torité d'une Convention rebelle à son
Chef. C'étoit renverser les Loix fondamentales. L'Assemblée de 1689. des
Seigneurs & des Communes selon les
Loix ne pouvoit avoir aucune voix
legislative, & n'étoit pas un Parlement, si l'on dit que c'étoit les representatifs du peuple, & le Corps de la
Nation ; les Loix ont toûjours decidé que le peuple collectivement ni re-
presentativement ne peut rien faire sans
le Roi. Les Partisans de la revolution
disent que l'obéïssance n'est point duë
à la personne du Roi, mais à l'autorité des Loix. Ils sont condamnez par
leur propre maxime. Les Loix portent, que le Roi n'est sujet qu'à Dieu
seul, qu'il ne peut être jugé par personne, que le Parlement, ni le peuple
n'a aucun droit de changer la succession. Voilà la Constitution fondamentale & primitive de la Monarchie Angloise. Par quelle autorité donc les
Seigneurs & les Communes ayant chas-
sé leur chef furent ils assemblez ? Par

Q

quelle autorité ont ils renversé toutes
les Loix ? N'ont-ils pas par cette conduite sappélés fondemens de leur Const-
titution , & rendu le Gouvernement
d'Angleterre tellement vacillant qu'il
n'y a plus de forme fixe, puisque à chaque nouvelle assemblée les Membres
sans Chef, peuvent changer & bou-
leverser les Loix fondamentales à leur
gré ?

Le Prince d'Orange s'étant emparé de la Couronne suivit l'exemple
des autres Usurpateurs , & pour se
conserver les bonnes graces du peuple à qui il devoit la Couronne relâ-
cha des prerogatives royales, mais
rien ne peut arrêter, un peuple qui
est une fois sorti du point fixe de la
subordination. L'insolence des Communes devint si insupportable que
Guillaume quoiqu'un Prince de leur
creation eût lieu de se repentir d'a-
voir accepté la Couronne.

L'histoire de ce qui est arrivé depuis sa mort est trop recente pour en
faire le détail & le temps n'est pas
encore venu; Contentons nous de
faire quelques remarques sur la Monarchie Angloise & sur les formes

differentes de son gouvernement.

1°. Pendant l'espace de 400. ans que l'Angleterre partagée en sept Royaumes fut gouvernée par plus de cent Rois, la Couronne a été presque toûjours hereditaire. Nous ne voyons point qu'il y ait eû aucun de ces cent Rois qui ait été où deposé ou mis à mort, par le Conseil Souverain de ses Barons. Aprés que cette *Heptarchie*) s'il m'est permis de me servir de ce terme) eût été réünie sous un seul Monarque, le Gouvernement Anglois continua sur le même pied. Les peres des anciennes familles, les Grands du Royaume, les Seigneurs spirituels & temporels faisoient le Conseil suprême du Prince. Le Gouvernement étoit une Monarchie Aristocratique. Les Seigneurs partageoient avec le Roi le pouvoir legislatif, mais il ne pouvoient rien faire sans lui. C'est la difference essentielle qu'il y a toûjours eû entre le Parlement d'Angleterre & le Senat Romain. Le Senat étoit le pouvoir suprême de la republique, les Consuls n'étoient que depositaires pour un temps de l'autorité des Senateurs. Au contraire le Parlement d'Angleterre n'a jamais été que le Conseil suprême du Roi, il l'a toûjours convoqué d'une maniere imperative, & l'a dissoût de même. Sous cette Monarchie moderée par l'Aristocratie les Communes n'avoient aucune part au Gouvernement. (a) L'on ne succeda au Royaume que par le droit hereditaire ou par la designation testamentaire du Roy moribond qui n'ayant point d'enfans, ou qui voyant ses enfans trop jeunes pour gouverner, nommoit quelquefois son successeur avant que de mourir. Et quoique la succession Saxonne fut interrompuë pendant l'espace de 30. ans par trois Rois Danois qui firent la Conquête de l'Angleterre vers le commencement du dixiéme Siécle, cependant on rétablit le droit de la succession si-tôt que les Danois furent chassez de la Grande-Bretagne. Depuis la conquête par les Normans jusques à l'an 49, de Henry III. qui fut vers l'an 1270., le Gouvernement fut Monarchique, & hereditaire & penchant vers le Despotisme, source de tous les malheurs d'Angleterre, puisqu'il excita la jalousie des

a Brady hist. de la succession à la Couronne d'Angleterre.

Nobles contre leur Prince, & fut une
femence feconde de foupçons & de
defiance contre l'Autorité Royale. Le
Defpotifme de Tarquin à Rome &
de Guillaume le Conquerant dans la
Grande-Bretagne ont été la fource de
tous les maux de Rome & d'Angle-
re. Remarquons cependant que tandis
que le fouverain Confeil n'étoit qu'A-
riftocratique on voit les peres de la
patrie zélez pour leur liberté. Ils fe
broüillent quelques fois avec le Roi au
fujet de la grande Chartre & refiftent
au pouvoir arbitraire mais fans fortir
des juftes bornes. Nous ne voyons
point les Parlemens maltraitez, les
Princes, les desheriter, ni les mettre
à mort. Un faux devôt & un hypocrite ambitieux ufurpe la Couronne ;
mais le fouverain Confeil du Royaume n'y a aucune part. Le Roy & fon
fils font captifs, mais on ne croit pas
encore qu'il foit permis de juger, &
de mettre à mort les Souverains.

2. Tout commence à changer de
face fitôt que les Communes deviennent une partie du Parlement. L'Autorité des Nobles & du Roi diminuë ;
les affemblées populaires arrachent la

Qiij

Souveraineté d'entre leurs mains, &
peu à peu le Despotisme du peuple
devint absolû. La Chambre baffe d'Angleterre fait toutes les mêmes demarches que les Tribuns de Rome. Soixante ans aprés l'érection de cette
Chambre le Parlement commence non
pas à depofer Edoüard II, mais à l'engager à fe demettre de la Couronne
en faveur de fon fil. Le droit hereditaire n'eft pas ébranlé ni violé. Soixante & dix ans aprés Edoüard II, Richard II. eft accufé comme criminel,
& il eft depofé par l'autorité de fon Parlement, fans qu'on ofe encore le mettre à mort publiquement. Le droit
hereditaire eft fufpendu & la Couronne donnée à un ufurpateur. Soixante
& dix ans aprés, Edoüard quatrieme eft
depofé & declaré traitre quoique quelques années auparavant le Parlement
eût declaré que fon Pere le Duc d'Y-
ork étoit le feul heritier legitime. Prés
de cent ans aprés, le Parlement s'em-
pare des droits du Sacerdoce, devient
Juge fuprême de la Religion, enfin le
Parlement dans le fiecle paffé devient
tout-à-fait republicain. La partie Democratique fe fepare de fa partie Arif-

tocratique & usurpe l'autorité souveraine , & toutes les deux veulent agir
d'une maniere independante de la puissance Royale , en sappant le fondement de leur Constitution. Les Communes prevallent & usurpent non seulement le pouvoir des Seigneurs , mais
celui du Roi même qu'ils jugent, qu'ils
deposent, & qu'ils condamnent à per-
dre la tête comme un criminel de la
lie du peuple.

3. Depuis que les assemblées populaires ont eû le pouvoir legislatif en
main , les loix sont multipliées à l'infini ; mais des loix contradictoires. Ce
n'est pas seulement comme en France
où les differentes provinces ont retenû
les anciennes coutumes qu'elles avoient
avant que de tomber sous la domination d'un seul Monarque.

En Angleterre depuis que le principe fixe de la subordination a été
ébranlé , il n'y a plus rien de constant
dans les Loix fondamentales même sui-
vant que les differens partis prevallent
dans le Parlement on y fait des Loix
toutes contraires les unes aux autres ,
on y ordonne des sermens tyranni-
ques qui se tournent en parjures par

leur variation continuelle, & par la
violence avec laquelle chaque parti les
exige tour à tour. Les differens partis
qui disputent pour la superiorité bri-
guent pour faire choisir un homme à
leur gré, & les partis varient chaque
jour dans leur vûës, dans leurs interêts, & dans leurs maximes. Dans les
assemblées il ne faut pas croire que
les factions puissent être reduites à des
classes regulieres ou qu'elles agissent
par de principes fixes. L'unité de la
Puissance suprême leur manque, ils se
rompent & se divisent en autant de
partis qu'il y a de têtes hardies pour
conduire les differentes factions. Tous
tendent au même but, c'est à s'emparer de l'autorité. Les divisions & sub-
divisions parmi les Wiggs & les Toris se multiplient chaque jour. Il y a
souvent cinq ou six differentes especes
de Wiggs & de Toris. D'ailleurs les
chefs de ces differens partis changent
souvent de principes. Les Wiggs
deviennent Toris & les Toris deviennent Wiggs selon leurs interêts.
Quand l'autorité royale soûtient un
parti, ses chefs sont Royalistes, & veulent rehausser les prerogatives royales.

Quand les Rois ſont oppoſez à ces
chefs, ils deviennent Wiggs & Republicains, & veulent abatre le pouvoir Royal. A l'election des membres
de chaque nouveau Parlement, on ne
voit dans les Provinces que Brigues,
que haines, que diviſions, que trom-
peries, les Wiggs & les Toris, les
Republicains & les Royaliſtes, les
amateurs de l'independance, & ceux
du deſpotiſme, les courtiſans & les
créatures du peuple, Toutes les differentes factions cauſent un tel mouvement dans les eſprits qu'il ſemble que
le grand Corps Politique ſouffre des
convulſions, & que la Grande-Bretagne ſoit à chaque nouveau Parlement
dans le tranſport d'une fiévre chaude.
Ce n'eſt pas tout, quand les membres
ſont elûs, arrivez à Londres, & aſ-
ſemblez en Parlement, les Brigues re-
commencent, les cabales ſe renouvel-
lent, ceux qui occupent les premieres places dans le gouvernement ne
ſont occupez qu'à corrompre les
membres du Parlement, par argent,
par les charges, ou les grâces dont ils
diſpoſent. On ne voit dans ces Aſſemblées tumultueuſes & populaires que

quarre ou cinq hommes qui entrainent tout par brigues , & par intrigues ; de sorte qu'un Deputé oubliant les interêts de ceux qui l'ont choisi , pour ne s'occuper que de ceux du parti auquel il s'est rendu , agit d'une maniere tout à fait contraire aux ordres, & à l'avantage de la Province. La Chambre basse étant donc remplie à chaque nouvéau Parlement de Membres , dont les pensées & les interêts sont tout à fait contraires & opposez, il n'est pas extraordinaire qu'il y ait une grande multiplicité & variation dans leurs Loix, & que les actes du Parlement soient de volumes énormes des Loix contraires. *La multiplicité des Loix*, dit Platon , *est une marque aussi certaine de la corruption d'un Etat que la multitude des Medecins en est une de la grande quantité de malades*, mais la contrarieté des Loix , & leur opposition frequente est aussi funeste dans une Republique que l'usage habituel des remedes contraires, l'est à la santé.

Sparte , Cartage , Rome , & l'Angleterre , nous montrent donc les funestes suites d'un pouvoir partagé où le peuple a la plus grande autorité.

CHAPITRE VI.

De la Monarchie moderée par l'Aris-
tocratie.

1º L'Unité de la Puissance suprême
a toûjours été regardée comme un trés grand avantage dans un É-
tat pour prevenir les divisions & les jaloufies, des Chefs qui gouvernent. Le
grand bien de la societé n'est pastant la
richesse & l'abondance des particuliers
que le bien commun de tous. Or ce
bien commun est l'union des familles,
l'éloignement des guerres civiles, l'ex-
tinction des caballes. Il est incontes-
table que l'unité se trouve mieux lorsque la puissance suprême est reünië
dans une seule volonté, que lors qu'elle est divisée entre plusieurs volontez
differentes,

Le Gouvernement partagé ou mis
entre les mains de plusieurs, peut convenir aux Republiques renfermées dans
une seule Ville, ou aux petits Etats;
mais il paroît incompatible avec des
Royaümes d'une grande étenduë. Les
citoyens de chaque Ville voudroient

toûjours élever la leur au deſſus des
autres. D'où il eſt naturel de voir naître des frequentes ſeditions, & des revolutions violentes ; & c'eſt en effet
de-là que ſont venuës toutes les jalouſies de la Grece. Son celebre Senat
d'*Amphiction* ne pouvoit pas empêcher les diſſentions civiles. Cette ſage
Aſſemblée étoit pourtant compoſée
de Deputez que nommoient les douze principales Villes de la Grece. Ils
ſe rendoient à certains jours précis aux
Termopyles, où ils deliberoient de
tout ce qui regardoit le ſalut, le repos, & l'interêt commun des Republiques, mais ce Senat ſi reſpectable
fut cependant trop foible pour appai-
ſer & pour éteindre les jalouſies les
guerres civiles de Sparte, d'Athenes
&c. qui aſpirerent tour à tour à l'Empire univerſel de la Grece, juſqu'à-ce
que toutes ces petites Republiques furent reuniës ſous la Domination de
Philippe de Macedoine qui ſe ſervit
de leurs diviſions mutuelles pour les
affoiblir & les ſubjuger.

2° L'unité de la Puiſſance ſuprémé
paroît neceſſaire non ſeulement par
l'union des Sujets, mais pour la promp-
titude

titude des Conseils. Dans les Gouvernemens populaires ou Aristocratiques, rien ne se fait qu'avec lenteur, & dans des assemblées publiques. Tout dépend pourtant quelquefois de l'expedition. Dans une Monarchie, le Souverain peut deliberer & donner ses ordres, en tout temps, & en tout lieu. C'est pour cela que les Romains dans les grandes & importantes affaires de la Republique, eurent souvent recours à l'unité de la Puissance souveraine, en créant un Dictateur, dont le pouvoir étoit absolu.

3. Le Gouvernement militaire demande naturellement d'être exercé par un seul. Tout est en peril, quand le commandement est partagé. Il s'ensuit que cette forme de Gouvernement est la plus propre en elle-même à tous les états, & qu'elle doit enfin prévaloir, parceque la puissance militaire qui a la force en main, entraine naturellement tout l'état aprés soi, & reduit tout au Gouvernement Monarchique. C'est pour cela que nous voyons que toutes les plus fameuses Republiques du monde ont commencé par le Gouvernement Monarchique & y sont

R

enfin revenuës. [a] Ce n'est que tard, &
peu à peu que les Villes Grecques, ont
formé leurs Republiques. D'abord tout
étoit gouverné par des Rois. Rome a
commencé par la Monarchie, & y
est enfin revenuë. A present il n'y a
point de Republiques qui n'ayent été
autrefois soûmises à des Monarques.
[b] Ne vaut il donc pas mieux que cette
unité de la puissance suprême soit
établie d'abord puis qu'elle est inevitable & qu'elle est trop violente quand
elle gagne le dessus par la force ouverte.

4. L'unité de la puissance suprême
est encore necessaire pour maintenir
la subordination entre les differens ordres que nous voïons dans tous les
grands Royaumes dont les sujets sont
distinguez en deux classes. La premiere est de ceux qui sont les proprietaires des terres, les chefs des anciennes familles, les Grands de la nation
qui naissent dans la possession actuelle de toutes les commoditez de la vie.
La seconde qui est la plus grande partie est de ceux qui par l'ordre de la

a *Just. lib.* 1.
b Mr de Meaux Polit. de l'Ecriture Ste. p. 68.

nature, & de la Providence naît dans la néceſſité de gagner ce dont il a beſoin par le travail, par les Arts, ou par le Commerce. Si les uns & les autres ſe conduiſoient ſelon les regles de l'humanité & de la droite raiſon, les premiers ne ſe ſerviroient pas de leur autorité pour opprimer les derniers, & les derniers n'auroient point de haine & de jalouſie contre les premiers à cauſe de l'inegalité de leur état. Chacun ſe contenteroit de ſa condition & tous contribueroient par cette ſubordination à ſe ſoûtenir mutuellement. Mais les paſſions des hommes mettent la diviſion entre les deux ordres. Si le gouvernement eſt entierement entre les mains des Nobles, ils oppriment le pauvre peuple, la Republique eſt reduite à l'Etat de Rome avant la fameuſe retraite du Mont ſacré, quand les Patriciens maltraittoient & accabloient le peuple.

Si le gouvernement eſt Democratique, les Nobles & les Grands ſont toûjours expoſez à la haine, & aux inſultes du menu peuple. Tel étoit l'Etat de Rome vers la fin du Consulat quand tout se gouvernoit au gré d'une populace aveugle & des Tribuns insolens.

Il faut donc une puissance superieure à ces deux ordres qui les tienne en equilibre ; La Royauté est comme le point d'appui d'un levier, qui en s'approchant de l'un ou de l'autre de ces deux extremités les tient dans une juste balance. Si le peuple secoüe l'autorité Royale, il devient trop fort pour la Noblesse , il la detruit & l'acable. Si la Noblesse se rend trop puissante elle tyrannise le peuple. Il faut que l'autorité souveraine residant dans un seul centre, s'approche de l'un ou de l'autre successivement pour faire un contrepoids égal. Il faut que l'autorité Royale soit tellement independante de la noblesse & du peuple , qu'elle soit capable de moderer les deux partis. Voilà ce qui manquoit dans la Republique Romaine aprés que le Consulat fut devenu commun aux Patriciens & aux Plebeïens. La puissance étoit tantôt toute entiere du côté des nobles, tantôt toute entiere du côté du peuple. De sorte qu'on n'y remarquoit jamais l'équilibre , mais des seditions perpetuelles , & une op-

preſſion ſucceſſive de l'un ou de l'autre de ces deux ordres. Tel ſera l'état
de toutes les Republiques où l'on tâ-
che de diminuer & de trop borner la
puiſſance ſuprême qui doit contenir
dans leurs juſtes limites les deux autres puiſſances ſubalternes.

5. Le Roi ne peut pas tout voir
de ſes propres yeux, & tout connoître par lui même, il faut qu'il ait des
Conſeillers non-ſeulement pour inſ-
truire le Prince, de l'état de la patrie, mais
pour l'empêcher de tendre au Deſpotiſme tyrannique. Voilà ce qui fait croire
aux Royaliſtes moderez qu'une aſſemblée dont les membres ſont fixes, &
non point électifs doit partager avec le
Roi non pas la Puiſſance ſouveraine mais
le pouvoir legiſlatif. Le Roi [diſent-ils]
doit pouvoir plus que tous ces Mem-
bers enſemble, mais rien ſans eux quand
il s'agit de faire des Loix. C'eſt aſſez
accorder, diſent-ils, à un ſeul homme.
Il ne faut pas que l'autorité Royale
ſoit l'unique & la ſeule puiſſance de
l'Etat. On ne doit rien faire ſans elle, mais elle ne doit pas pouvoir tout
faire toute ſeule. On ne doit point
faire des Loix malgré le Roi ; mais

les Loix ne doivent point dependre totalement de sa volonté absoluë. Il faut un concours de la Puissance Monarchique & Aristocratique pour composer le pouvoir legislatif, & il ne faut jamais qu'ils agissent d'une maniere indépendante.

6   Il ne faut pas que le peuple soit entiérement exclû du Gouvernement, mais il ne faut jamais partager avec lui le pouvoir legislatif. Nous avons vû les funestes suites de ce partage de la souveraineté dans les plus illustres Republiques du monde. Quand une fois les Deputés du peuple s'emparent de l'autorité suprême, ils ne sauroient se contenir dans les justes bornes & tôt ou tard, ils reduisent tout au Despotisme de la populace. Il ne faut donc pas leur donner une autorité qui les mette dans la tentation de trahir le peuple, d'allumer le feu de la sedition & de la discorde.

En voulant les exclure ainsi de l'autorité souveraine, nous sommes bien eloignés de vouloir fouler le peuple, nous n'avons parlé contre ces fiers representatifs de la multitude que parce qu'ils sont les vrais ennemis du peuple loin d'en être les protecteurs; qu'ils trahissent le depôt qu'on leur confie, & que par ambition ils deviennent les brouillons de l'Etat Le pauvre peuple est le soutien & la base de la Republique. Il le faut bien nourrir, & le faire bien travailler. S'il n'est pas bien nourri, la force lui manque, & la Republique s'enerve ; s'il ne travaille point, il devient une bête feroce & indomptable.

Or pour mettre le peuple à couvert de l'oppression, & l'empêcher d'être foulé par l'autorité royale, ce doit être une loi inviolable de ne jamais lever des subsides extraordinaires sans son consentement.

Je ne parle point ici des revenus reglés & annuels qui font absolument necessaires pour le soutien de l'État & de la Royauté. Ce font des prerogatives inalienables de la Couronne que les Rois ont toûjours droit d'exiger. Je ne parle que des subsides extraordinaires, nouveaux & passagers. Or je dis avec Philippe de Commines grand Politique, & bon Royaliste (*a*) *que nul Roi, nul Prince au*

Hist. de Loüis onze liv. 5. ch. 18.

monde n'a droit de lever de tels impôts
fur leur fujets fans leur confentement
& qu'ils ne peuvent les exiger contre
leurs volontés, à moins que d'ufer de
violence, & de tyrannie. Mais [dira-
t'on] il arrive des cas fi preffans qu'il y
auroit du danger à remettre la levée de
l'impôt après la convocation des Etats qui
ne fe peut faire fi promptement. Eft-ce
donc que la guerre que veut faire le Prin-
eft une chofe qu'il faille tant precipiter.
Car c'eft de la guerre qu'entendent parler ceux qui font cette objeftion. Peut-on
au contraire s'y engager trop tard, &
n'eft on pas toûjours à temps de la dé-
clarer ?

7°. Mais pour rendre cette forme
de Gouvernement plus parfaite, il faut
que la Monarchie foit hereditaire.
C'eft une fage precaution des grands
Legiflateurs pour empêcher les divifions,& les jaloufies. Il leur paroît qu'on
doit fixer le droit de la fouveraineté
par la naiffance comme on fixe celle
de la proprieté. La nature qui nous a
donné une regle, pour l'un, femble
nous la donner pour l'autre. C'eft
un grand bien pour le peuple que le
gouvernement fe perpetüe par les

mêmes loix qui perpetuent le genre
humain, & qu'il aille pour ainsi dire
avec la nature. Toutes choses égales
il faut toûjours preferer ce qui est
reglé par l'ordre fixe & constant de la
nature, à ce qui est l'effet de la volonté capricieuse & inconstante de l'homme. Deplus la Monarchie élective est
le plus malheureux de tous les Gouvernemens ; plus l'autorité est grande, plus il y a de brigues pour y parvenir, & plus il y a de dangers de la
laisser au jugement & à l'election de la
multitude. Si l'on examine bien la
source de tous les malheurs, de
l'Empire Romain on verra qu'ils ve-
noient presque tous des élections.
Tout étoit soûmis à la violence
d'une armée qui s'étant emparée de
la souveraineté se donnent des maîtres
selon sa fantaisie & souvent plusieurs
à la fois. Un Roi qui n'a rien à esperer pour sa posterité aprés sa mort
ne songe qu'à ses interéts pendant sa
vie, au lieu qu'un Roi hereditaire est
disposé à regarder son Royaume comme son heritage qu'il doit laisser à
ses descendans.

C'est l'observation inviolable de

cette Loi de succession qui a fait subsister le vaste Empire de la Chine depuis
presque 4. mille cinq cent ans. Les
Tartares pendant ce temps y ont com-
mis souvent de grandes hostilités. Cependant ils n'ont jamais pû ébranler
cet Empire. Mais si-tôt que les Mandarins ont voulû changer le droit héreditaire , & se rendre chacun souverain , ils ont causé de terribles revolutions dans le dix-septieme siecle , &
les Tartares se font servis de cette
occasion pour les subjuguer. C'est
aussi la succession hereditaire qui a
fait subsister pendant plus de seize
cent ans le plus sage Empire qui ait jamais été , je veux dire l'Egypte. Les
mauvais Rois étoient epargnez pendant leur vie , le repos public le vouloit ainsi. Mais aprés la mort on les
punissoit en les privant de la sepultu-
re. Quelques uns ont été traitez ainsi
mais on en voit peu d'exemples. Au-
contraire la plûpart de leur Rois ont
été si cheris des peuples que chacun
pleuroit sa mort autant que celle de
son pere ou de ses enfans.

8. Il est necessaire aussi pour la mé-
me raison que le pouvoir Aristocrati-

que qui excede le pouvoir Royal foit
fixe, hereditaire, & non pas électif. La
nature & la naiſſance donnent à chacun ſon rang. On n'a pas beſoin de le
briguer par les caballes & les elections
injuſtes & tumultueuſes. Et c'eſt là la
raiſon eſſentielle pourquoy les Membres électifs d'un État, & ceux qui
repreſentent le peuple ne doivent jamais avoir part à l'autorité legiſlati-
ve. Ce n'eſt pas qu'on trouve parmi
les Plebeïens des eſprits auſſi capables,
auſſi ſublimes, auſſi habiles que parmi les Patriciens. Mais c'eſt parceque
les factions étant inevitables, tout eſt
rempli de brigues & de cabales, rien
n'eſt fixe, rien n'eſt ſtable, tandis-
qu'on laiſſe tout à l'election de la multitude aveugle, & ſeduite par les eſprits ambitieux.

Il y a encore un grand avantage que
le pouvoir Ariſtocratique ſoit reglé par
l'ancienneté des familles, pour empêcher que les Souverains ne ſe rendent maîtres abſolus de cette puiſſance qui modere leur autorité. Il ſeroit
à ſouhaiter que les Rois ne fuſſent pas
les maîtres de multiplier à leur gré
les membres de ce Senat fixe qui par-

tage avec eux le pouvoir legiſlatif car autrement il leur ſeroit aiſé de dimi-nuer ſon autorité en le rempliſſant de leurs creatures qu'ils auroient elevées exprés pour ſervir à leurs deſſeins in-juſtes. Si un ſouverain veut recom-penſer le merite des grands hommes, comme il le doit, il ſemble que ce ne doit pas être en les admettant d'a-bord à partager avec lui le pouvoir legiſlatif, mais en faiſant monter les, familles par degré à ces dignitez qui aprés une certaine ſucceſſion de temps donnent le droit à leur poſterité d'a-voir part à l'autorité Ariſtocratique. (a) *La vertu*, dit, un celebre Auteur, *ſera aſſez excitée & l'on aura aſſez d'em-preſſement à ſervir l'Etat, pourvû que les belles actions ſoient un commencement de Nobleſſe pour les enfans de ceux qui les auroient faites.* Faute d'obſerver cette re-gle les Tribuns à Rome parvinrent au-trefois à la dignité Conſulaire. Et les Communes en Angleterre, parvien-nent aujourd'hui à la Pairie, ſeule-ment pour ſervir aux deſſeins ambi-tieux de la Cour, ſans avoir merité cette élevation. Mais quand les em-

a Telem livr. 12. p. 466.

plois

plois font reglez par la naiffance, cha-
qué ordre de l'État s'applique au travail pour lequel la nature & la Providence l'ont deftiné, felon la fubordination, fans vouloir afpirer par ambition à confondre les rangs. De cette
maniere on engage la Nobleffe au travail de l'efprit , & le peuple au travail
du corps. Or la force d'une Republique confifte fans doute dans un
peuple dont les differens ordres font
inftruits & laborieux.

· La Monarchie moderée par l'Arif-
tocratie eft la plus ancienne & la plus
naturelle de tous les Gouvernemens ;
Elle a fon fondement & fon modele
dans l'Empire paternel c'eft-à-dire
dans la nature même, puifque l'origine des focietés civiles vient du pouvoir paternel. Or dans une famille
bien gouvernée , le pere commun
ne decide pas de tout defpotiquement
felon fa fantaifie ; Dans les deliberations publiques il confulte fes enfans
les plus âgez, & les plus fages. Les
jeunes perfonnes, & les domeftiques
n'ont pas une autorité égale avec les
peres de la famille commune.

C'eft felon cette idée que Lycurgue

S

ordonna que toute la Nation des Lacedemoniens ne seroit qu'une famille, que les enfans appartiendroient à la République, que les peres les plus âgez seroient regardez comme autant de Magistrats suprêmes ; & que tous ces peres ensemble seroient soûmis au Roy, qu'on regarderoit comme le pere commun de la patrie, Mais le peuple n'avoit point de voix délibe-rative dans le Gouvernement. La Monarchie Aristocratique est le mo-delle du Gouvernement des plus fa-meux Etats. Avant que le pouvoir populaire prevalut en Grece, à Car-thage, & à Rome, tout étoit gou-verné par des Rois & un Senat fixé. D'abord le peuple n'avoit point voix deliberative. Les Ephores, les *Suffe-tes* & les Tribuns n'étoient que les Avocats du peuple. Tel étoit aussi le Gouvernement de l'ancienne Egypte, le Royaume étoit Monarchique & hereditaire. Un Senat composé de 30. Juges tirés des principales Villes fai-soit le Conseil souverain du Prince. Tel étoit aussi le Gouvernement de l'Empire des Perses; les Satrapes oû les Grands du Royaume composoient le

Conseil souverain du Monarque & on les appeloit, *les yeux & les oreilles du Prince.* Tel est encore le gouvernement de la Chine. L'Empereur quoi qu'absolû fait serment qu'il n'établira jamais aucune Loi sans le consentement de ses Mandarins. Telle étoit enfin la forme du gouvernement que les Nations du Nord (dont le climat froid & sterile en diminuant l'imagination, augmente le jugement) avoient porté dans tous les Païs du monde : où elles s'étoient établies après la destruction de l'Empire Romain, dont toutes les Nations avoient senti la tyrannie & les oppressions. Les Saxons avoient établi la Monarchie Aristocratique en Angleterre. Les Francs dans les Gaules, les Visigots en Espagne, les Ostrogots, & après eux les Lombards en Italie. L'ancien Parlement de la Grande-Bretagne étoit purement Aristocratique. Tel étoit aussi le Champ de Mars en France. Les *Cortes* en Espagne le Tiers Etat & les membres électifs n'y ont eu part que tard, & d'abord leur pouvoir ne regardoit que la repartition des subsides.

Voilà ce qui fait croire aux Roya-

listes moderez que la forme du Gouvernement sujette à moins d'inconveniens est la Monarchie moderée par
l'Aristocratie. Les trois grands droits
de la souveraineté, disent-ils, savoir le
pouvoir militaire, le pouvoir legislatif, & le pouvoir de lever les subsides
doivent être tellement reglés qu'on
ne puisse pas en abuser facilement. Il
faut que la puissance militaire reside
uniquement dans le Roi, parce que
de l'unité d'une même volonté depen-
dent l'expedition, le secret, l'obéïssance, l'ordre & l'union si necessaire
dans la Milice. Il faut que le Roi partage avec un Senat fixe, la puissance
legislative, parce qu'il ne peut pas juger de tout par lui-même. Il faut enfin que le Roi n'impose les subsides extraordinaires que par le consentement
universel de tous les ordres du Royaume, afin que le peuple ne soit point
foulé. Cette sorte de Gouvernement a
tous les avantages qu'on trouve dans
l'unité de la puissance suprême pour
exécuter promptement les bonnes
Loix, tous ceux qu'on trouve dans
la multiplicité des Conseillers pour faire les bonnes Loix, & enfin tous ceux

qu'on trouve dans le Gouvernement populaire , par l'impuiſſance où eſt le Roi d'accabler le peuple de ſubſides extraordinaires.

Mais quels que ſoient les avantages de cette forme de Gouvernement , elle a pourtant ſes inconveniens comme les autres. D'un côté, le partage de la ſouveraineté entre le Roi & les Seigneurs peut cauſer un combat de puiſſances qui veulent agir d'une maniere independante l'une de l'autre. D'un autre côté dans les Royaumes où le peuple n'a point de part au Gouvernement, la hauteur des Grands leur fait mepriſer & fouler aux pieds ceux qui ſont obligez de vivre par le travail. Ils oublient que la ſimple naiſſance ne donne rien au deſſus des autres hommes , que l'occaſion de faire plus de bien qu'eux; leur orgueil les pouſſe ſouvent à ſe revolter contre les Princes , & leur dureté pouſſe le peuple à ſe revolter contre eux.

Je ſuis donc bien éloigné de croire qu'il y ait aucun établiſſement humain qui n'ait point ſes inconveniens , ou qu'il ſoit poſſible de remedier aux maux inévitables du grand Corps politique par aucune forme de Gouverment particuliere. L'abus de l'autorité souveraine en quelques mains qu'elle soit, entrainera tôt ou tard la ruïne de toute sorte de Gouvernemens, dont la forme est même la meilleure. Les beaux plans servent à amuser les speculatifs dans leurs Cabinets. Mais dans la pratique nous voyons que la plus petite bevûë cause le renversement des plus grands Empires. C'est ici où le grand corps politique ressemble au corps humain. Une fievre, un rhûme, le moindre petit accident emporte le corps le plus robuste, & le mieux fait, aussi-bien que le plus foible, & le plus difforme. C'est même une experience connuë dans la Medecine, que les personnes vigoureuses sont plus sujettes aux maladies subites & violentes que les personnes plus languissantes. D'un côté, les meilleures formes de Gouvernement, peuvent degenerer par la corruption & les passions des hommes. D'un autre côté, les Gouvernemens qui paroissoient les moins parfaits peuvent convenir à certaines Nations. Il est peut être impossible de décider qu'elle est la meilleu-

re forme de Gouvernement, ou s'il y
en a une qui convienne generalement
à tous les païs. Les differens genies
des peuples souvent opposez & contraires, semblent rendre la difference
des formes opposées, necessaire &con-
venable. Il entre dans cette question
une si grande multiplicité de rapports
qui varient si souvent, que l'esprit
humain ne peut pas les embrasser tous
pour en porter un jugement ferme &
decisif.

Concluons donc de tout ceci, que les
abus & les inconveniens auxquels toutes les differentes formes de gouverment sont exposées doivent convain-
cre les hommes, que le remede aux
maux du grand Corps Politique ne
se trouvera point en changeant & en
bouleversant les formes deja établies
pour en établir d'autres qui dans la
Theorie peuvent paroître plus parfaites, mais qui dans la pratique ont toutes des inconveniens inevitables, Les
hommes ne trouveront jamais leur
bonheur dans les établissemens exte-
rieurs ni dans les beaux reglemens que
l'Esprit humain peut inventer : mais
dans ces principes de vertu qui nous

font trouver au dedans de nous des
reſſources contre tous les maux de la
vie, & qui nous font ſupporter pour
l'amour de l'ordre & la Paix de la ſocieté, tous les abus auxquels les meilleurs gouvernemens font expoſez.

F I N.

TABLE
DES
CHAPITRES

PREMIERE PARTIE.

FIN

www.ingramcontent.com/pod-product-compliance
Lightning Source LLC
Chambersburg PA
CBHW062225270326

41930CB00009B/1873